CAPITULO I

El futuro, cambios y retos del marketing y las ventas en el nuevo mundo.

El marketing y las ventas son dos actividades fundamentales para el éxito de cualquier negocio. Sin embargo, el contexto actual ha supuesto un gran desafío para estas áreas, ya que la pandemia de COVID-19 ha cambiado radicalmente el comportamiento y las preferencias de los consumidores, así como las condiciones del mercado y la competencia. Por lo que, analizaremos cómo el marketing y las ventas deben adaptarse al nuevo escenario, qué oportunidades y amenazas se presentan, y qué papel juega la inteligencia artificial (IA) en este proceso de transformación.

El nuevo consumidor mundial

Uno de los principales efectos de la pandemia ha sido la aceleración de la digitalización de la sociedad. El confinamiento, las restricciones de movilidad y el distanciamiento social han impulsado el uso de internet, las redes sociales, el comercio electrónico, el streaming, los videojuegos, las plataformas de educación y entretenimiento en línea, y otras formas de interacción virtual. Según un estudio de McKinsey, el 75% de los consumidores ha probado nuevos canales, marcas o productos durante la pandemia, y el 60% tiene intención de seguir usándolos una vez que termine la crisis.

Esto implica que los consumidores son más exigentes, informados, conectados y empoderados que nunca. También son más conscientes de los problemas sociales y ambientales, y buscan marcas que compartan sus valores y se comprometan con causas relevantes. Además, son más sensibles al precio, a la calidad y a la seguridad de los productos y servicios que adquieren.

Por tanto, el marketing y las ventas deben tener en cuenta estas nuevas características y necesidades de los consumidores, y ofrecerles propuestas de valor diferenciadas, personalizadas y omnicanal. Es decir, deben comunicarse con los clientes a través de múltiples medios y plataformas, ofreciéndoles una experiencia integrada, fluida y satisfactoria.

La presencia activa de la inteligencia artificial

La inteligencia artificial es una tecnología que permite a las máquinas realizar tareas que normalmente requieren inteligencia humana, como el reconocimiento de imágenes, el procesamiento del lenguaje natural, el aprendizaje automático, la toma de decisiones, etc. La IA tiene un enorme potencial para mejorar el rendimiento y la eficiencia de las actividades de marketing y ventas, así como para crear nuevas oportunidades de negocio y ventajas competitivas.

Algunas de las aplicaciones de la IA en el marketing y las ventas son las siguientes:

- ✓ **Segmentación y personalización**: La IA permite analizar grandes cantidades de datos sobre los clientes, sus hábitos, preferencias, comportamientos, etc., y segmentarlos en grupos homogéneos, así como personalizar los mensajes, las ofertas y las recomendaciones que se les hacen, aumentando así la conversión y la fidelización.
- ✓ **Predicción y optimización**: La IA permite predecir la demanda, el comportamiento y las necesidades de los clientes, así como optimizar los precios, el inventario, la distribución, el diseño de productos, etc., adaptándose a las condiciones del mercado y a las expectativas de los consumidores.
- ✓ **Automatización y asistencia**: La IA permite automatizar y agilizar procesos y tareas repetitivas o rutinarias, como la generación de contenidos, el envío de correos electrónicos, la gestión de redes sociales, el servicio al cliente, etc., así como asistir y complementar el trabajo de los profesionales de marketing y ventas, proporcionándoles información, sugerencias, alertas, etc.
- ✓ **Innovación y creatividad**: La IA permite generar nuevas ideas, conceptos, diseños, productos, servicios, etc., a partir de la combinación, la modificación o la generación de datos, imágenes, textos, sonidos, etc., creando así valor añadido y diferenciación para los clientes.

Los cambios y retos por regiones, continentes y etnias

El impacto de la pandemia y de la IA en el marketing y las ventas no es uniforme ni homogéneo en todo el mundo, sino que varía según las características y las circunstancias de cada región, continente y etnia. A continuación, presentamos algunos ejemplos de estos cambios y retos:

América Latina: Esta región ha sido una de las más afectadas por la pandemia, tanto en términos sanitarios como económicos. Según la CEPAL, el PIB de América Latina se contrajo un 7,7% en 2021, y alcanzando un crecimiento de solo el 3,7% en 2022. Esto ha provocado una caída del consumo, un aumento de la pobreza y la desigualdad, y una mayor informalidad y precariedad laboral. El marketing y las ventas deben enfrentarse a estos desafíos, ofreciendo soluciones accesibles, inclusivas y solidarias a los consumidores, así como aprovechando las oportunidades que brinda la digitalización, la innovación y la colaboración entre los actores del ecosistema empresarial.

Europa: Esta región ha sido también duramente golpeada por la pandemia, aunque ha contado con mayores recursos y medidas de apoyo para mitigar sus efectos. Según la Comisión Europea, el PIB de la Unión Europea se redujo un 6,4% en 2021, y tuvo un aumento del 4,2% en 2022. Esto ha supuesto una transformación acelerada de los modelos de negocio, una mayor regulación y protección de los derechos de los consumidores y de los datos, y una mayor conciencia ecológica y social. El marketing y las ventas deben adaptarse a estos cambios, ofreciendo propuestas de valor sostenibles, responsables y transparentes, así como incorporando la IA como un elemento estratégico y diferenciador.

Asia: Esta región ha sido la menos afectada por la pandemia, y la que más rápido se ha recuperado. Según el FMI, el PIB de Asia creció un 1% en 2020, y se incremento en 8,6% en 2021. Esto ha implicado una mayor dinamización y diversificación de los mercados, una mayor integración y cooperación regional, y una mayor adopción y desarrollo de la IA. El marketing y las ventas deben aprovechar estas ventajas, ofreciendo productos y servicios innovadores, competitivos y adaptados a las necesidades y preferencias de los consumidores, así como explorando nuevos nichos y oportunidades de mercado.

África: Esta región ha sido la más rezagada en el desarrollo y la adopción de la IA, debido a las limitaciones de infraestructura, educación, financiación, gobernabilidad, etc. Según el Banco Mundial, el PIB de África se contrajo un 3,7% en 2021, y tuvo un crecimiento del 2,7% en 2021. Esto ha supuesto una mayor vulnerabilidad y dependencia de los países africanos, así como una mayor brecha digital y social. El marketing y las ventas deben contribuir a superar estos obstáculos, ofreciendo soluciones inclusivas, asequibles y relevantes para los consumidores, así como impulsando el desarrollo y la aplicación de la IA para mejorar la calidad de vida y el bienestar de la población.

El marketing y las ventas son dos disciplinas que deben estar en constante evolución y adaptación al entorno y a los clientes. La pandemia de COVID-19 ha supuesto un cambio radical y disruptivo en el comportamiento y las expectativas de los consumidores, así como en las condiciones y las reglas del mercado. La inteligencia artificial es una tecnología que ofrece enormes posibilidades para mejorar el rendimiento y la eficiencia de las actividades de marketing y ventas, así como para crear nuevas oportunidades de negocio y ventajas competitivas. Sin embargo, el impacto de la pandemia y de la IA no es el mismo en todas las regiones, continentes y etnias del mundo, sino que depende de las características y las circunstancias de cada uno. Por tanto, el marketing y las ventas

Desafíos Emergentes en la Nueva Era :

A pesar de las oportunidades presentes, no se pueden pasar por alto los desafíos que surgen en el horizonte del marketing y las ventas.

Seguridad de Datos y Privacidad:

A medida que la inteligencia artificial se integra más profundamente en las estrategias de marketing, la seguridad de datos y la privacidad se convierten en preocupaciones críticas. Las empresas deben implementar medidas rigurosas para proteger la información del cliente y garantizar la transparencia en el uso de la IA.

Adaptación Cultural:

La personalización a escala implica una comprensión profunda de las sutilezas culturales. Las marcas deben adaptar sus estrategias para respetar las diferencias regionales y étnicas, evitando malentendidos que podrían afectar negativamente la percepción de la marca.

Competencia Feroz:

Con la globalización, las empresas se encuentran compitiendo en un mercado cada vez más saturado. La diferenciación será clave, y las marcas deben destacar no solo en productos y servicios, sino también en experiencias de cliente excepcionales respaldadas por la inteligencia artificial.

Estrategias Innovadoras para el Marketing y las Ventas:

Ante estos desafíos, las empresas necesitan estrategias innovadoras para destacar en el mercado global y satisfacer las demandas cambiantes del consumidor.

1. Cocreación con el Consumidor:

Invitar a los consumidores a participar en la creación de productos y servicios no solo aumenta la lealtad, sino que también brinda información valiosa. La inteligencia artificial puede analizar estas interacciones para adaptar aún más las ofertas.

2. Colaboración entre Empresas:

La colaboración estratégica entre empresas se vuelve esencial para abordar desafíos comunes y aprovechar sinergias. Compartir datos de manera segura y ética mediante plataformas basadas en inteligencia artificial puede generar mejores resultados para todas las partes involucradas.

3. Estrategias de Contenidos Interactivos:

La inmersión del consumidor en experiencias interactivas mediante contenido multimedia y realidad virtual se convertirá en una estrategia clave. La inteligencia artificial puede analizar las interacciones del usuario en tiempo real para personalizar estas experiencias de manera dinámica.

Tendencias Futuras en el Marketing y las Ventas:

Más allá de la era post-pandemica, algunas tendencias emergentes dibujan el futuro del marketing y las ventas.

Integración de Blockchain:

La tecnología blockchain garantizará la transparencia y seguridad en las transacciones, mejorando la confianza del consumidor. La inteligencia artificial puede optimizar la gestión de contratos inteligentes y mejorar la eficiencia operativa.

Realidad Extendida (XR):

La combinación de realidad virtual (VR) y realidad aumentada (AR) evolucionará hacia la realidad extendida (XR), transformando completamente la experiencia del consumidor. La inteligencia artificial jugará un papel clave en la adaptación dinámica de estas experiencias según las preferencias individuales.

Marketing Ético y Responsable:

A medida que los consumidores se vuelven más conscientes, el marketing ético y responsable se convertirá en un diferenciador crítico. La inteligencia artificial será utilizada para evaluar y garantizar la ética en todas las prácticas de marketing.

El futuro del marketing moderno y las ventas se presenta como un lienzo vasto y dinámico, marcado por la presencia activa de la inteligencia artificial y el cambio en el comportamiento del consumidor. Las empresas deben abrazar la innovación, adaptarse a las tendencias emergentes y comprender la diversidad de desafíos y oportunidades que surgen en diferentes partes del mundo.

La inteligencia artificial se consolida como un socio estratégico, permitiendo la personalización a escala, la anticipación de necesidades y la automatización inteligente. Sin embargo, el éxito radica en la capacidad de las empresas para equilibrar la eficiencia con la ética, la innovación con la responsabilidad y la globalización con la adaptación cultural.

En última instancia, las marcas que naveguen con éxito por este nuevo paradigma serán aquellas que no solo abracen el cambio, sino que también lo lideren, anticipando las necesidades del consumidor, respetando las diversidades culturales y estableciendo nuevas normas éticas en el emocionante y desafiante viaje del marketing y las ventas en la era post-pandemia.

CAPITULO II

La Transformación del Mundo del Marketing y las Ventas: Desafíos, Oportunidades y la Revolución de la Inteligencia Artificial

En un mundo que cambia a pasos agigantados, el panorama de las ventas y el marketing se ha transformado de manera inigualable. La pandemia, un catalizador inesperado, desencadenó una revolución en el comportamiento del consumidor a nivel global, remodelando los cimientos de la interacción comercial. es imperativo analizar cómo esta evolución ha delineado el futuro y qué papel desempeñarán las Inteligencias Artificiales (IAs) en este paisaje en constante cambio.

El Impacto de la Pandemia en el Comportamiento del Consumidor: Una Radiografía Global

La llegada de la COVID-19 no solo fue un desafío de salud global, sino también un impulso para repensar la manera en que las empresas se relacionan con sus clientes. La segmentación de cambios en el comportamiento del consumidor revela matices interesantes en diferentes regiones del mundo.

1. Europeos: El Renacer de lo Local:

En Europa, la pandemia catalizó un renacimiento de lo local. Los consumidores se volvieron más conscientes de la sostenibilidad y la procedencia de los productos. Las ventas en línea experimentaron un auge, pero la preferencia por experiencias de compra locales y personalizadas se intensificó.

2. Asiáticos: La Digitalización Total:

En Asia, la digitalización total se volvió una realidad. La adopción masiva de tecnologías como la realidad aumentada y la inteligencia artificial transformó la forma en que los consumidores interactúan con las marcas. Las ventas en plataformas digitales y el comercio electrónico alcanzaron nuevas alturas.

3. Americanos: La Experiencia Virtual:

En América, la preferencia por experiencias virtuales se arraigó. La realidad virtual se convirtió en una herramienta clave para probar productos antes de comprarlos. Las empresas que ofrecían experiencias de compra inmersivas ganaron terreno, mientras que la transparencia en la comunicación se volvió esencial.

4. Latinoamericanos: Resiliencia y Comunidad:

En Latinoamérica, la resiliencia y la comunidad fueron las palabras clave. A pesar de los desafíos económicos, los consumidores latinoamericanos buscaron apoyarse mutuamente. Las ventas a través de plataformas sociales y el comercio electrónico local experimentaron un aumento significativo.

5. africanos: La Oportunidad de la Conectividad:

En África, la conectividad se presentó como una oportunidad. A medida que la infraestructura digital mejoraba, los consumidores africanos adoptaron plataformas de comercio electrónico y participaron activamente en comunidades en línea, generando un cambio en la forma en que descubren y compran productos.

El Rol Crucial de las Inteligencias Artificiales en la Nueva Era de las Ventas

La evolución del comportamiento del consumidor ha sido acompañada por avances significativos en las Inteligencias Artificiales. Estas tecnologías no solo se han convertido en aliadas esenciales para comprender y prever las tendencias, sino que también han redefinido la experiencia de compra.

1. Análisis Predictivo:

Las IAs han perfeccionado el arte del análisis predictivo. Con un vasto conjunto de datos, las empresas pueden anticipar las preferencias del consumidor, permitiendo estrategias de ventas más personalizadas y efectivas.

2. Personalización Extrema:

La personalización extrema, habilitada por las IAs, ha dejado atrás el enfoque genérico. Las empresas ahora pueden adaptar ofertas y recomendaciones de productos en tiempo real, creando una conexión más profunda con los consumidores.

3. Automatización de Procesos:

La automatización de procesos, desde la generación de leads hasta el servicio postventa, ha liberado a los equipos de ventas para centrarse en actividades estratégicas. Las IAs manejan tareas repetitivas, permitiendo una atención más dedicada a la construcción de relaciones.

4. Experiencias Virtuales y Realidad Aumentada:

Las IAs han impulsado experiencias virtuales y realidad aumentada, transformando la forma en que los consumidores interactúan con los productos en línea. Desde probar ropa virtualmente hasta visualizar muebles en sus hogares, la experiencia de compra se ha vuelto más inmersiva.

5. Chatbots Conversacionales:

La incorporación de chatbots conversacionales impulsados por IAs ha mejorado la interacción en tiempo real. Responder a preguntas, proporcionar asistencia y guiar a los consumidores durante todo el proceso de compra ahora se realiza de manera más eficiente.

El Futuro: Un Híbrido de Conectividad Humana y Tecnológica

A medida que nos adentramos en un futuro incierto, la clave para el éxito en las ventas residirá en la capacidad de crear un híbrido perfecto entre la conectividad humana y la tecnológica. Las empresas que abracen las nuevas tendencias y comprendan las complejidades culturales de sus mercados objetivos prosperarán.

La era post-pandemia no solo ha redefinido cómo compramos, sino también cómo las empresas venden. La combinación de la evolución del comportamiento del consumidor y el auge de las Inteligencias Artificiales ofrece un lienzo en blanco para la innovación y la creatividad en el mundo de las ventas y el marketing. La pregunta que queda en el aire es: ¿estamos listos para abrazar este cambio y dar forma al futuro del comercio de una manera más humana y conectada que nunca? La respuesta reside en la capacidad de adaptación y la voluntad de explorar nuevas fronteras en este emocionante viaje hacia el futuro de las ventas.

La Paradoja de la Conectividad: Desafíos y Oportunidades

A pesar de la increíble conectividad que la tecnología nos ha brindado, la paradoja reside en el desafío de mantener conexiones auténticas y humanas. Las IAs pueden analizar patrones de comportamiento y predecir preferencias, pero la esencia de las ventas sigue siendo una experiencia emocional y personal. Las empresas exitosas serán aquellas que encuentren el equilibrio perfecto, utilizando la tecnología para potenciar, no reemplazar, la conexión humana.

Impacto Económico y Social de la Transformación Digital en las Ventas

La transformación digital ha dejado una huella significativa en el ámbito económico y social. La generación de empleo en el sector tecnológico ha crecido exponencialmente, pero también ha planteado preocupaciones sobre la desigualdad económica. La adaptación de pequeñas y medianas empresas a estas nuevas tecnologías ha sido clave para su supervivencia y crecimiento. En el ámbito social, la brecha digital ha llevado a debates sobre el acceso equitativo a estas herramientas transformadoras.

La Revolución de las IAs en el Marketing Predictivo

Las IAs están liderando la revolución del marketing predictivo, donde la anticipación de las necesidades del consumidor se ha convertido en un arte. Plataformas avanzadas de análisis de datos, respaldadas por algoritmos inteligentes, están permitiendo a las empresas adelantarse a las tendencias del mercado. Sin embargo, la ética en el uso de datos y la privacidad del consumidor se erigen como desafíos cruciales que requieren atención continua.

Las Lecciones Aprendidas y las Estrategias Futuras

La pandemia ha sido una maestra implacable, enseñándonos la importancia de la adaptabilidad y la resiliencia en el mundo de las ventas. Las empresas que lograron pivotar rápidamente hacia modelos de negocio digitales y abrazaron la innovación emergieron como líderes en sus sectores. La capacidad de aprendizaje continuo y la agilidad se consolidaron como activos fundamentales.

1. Estrategias de Contingencia Permanente:

La imprevisibilidad del entorno empresarial actual demanda estrategias de contingencia permanentes. Las empresas deben estar preparadas para adaptarse a cambios rápidos y mantener una flexibilidad que les permita ajustar sus estrategias en tiempo real.

2. Humanización de la Experiencia de Compra:

Aunque las IAs desempeñan un papel esencial, la humanización de la experiencia de compra sigue siendo crucial. Las empresas deben esforzarse por construir relaciones auténticas y ofrecer un toque personal en medio de la digitalización creciente.

3. Inversiones en Educación Digital:

Para abordar la brecha digital, las inversiones en educación digital son esenciales. La capacitación de empleados y la promoción de habilidades digitales no solo benefician a las empresas, sino que también contribuyen a la equidad y la inclusión en el mundo laboral.

4. Énfasis en la Ética de Datos:

La ética de datos se vuelve un pilar fundamental en la era de la información. Las empresas deben establecer políticas y prácticas claras para garantizar la privacidad del consumidor y ganar su confianza en un entorno digital cada vez más transparente.

5. Colaboración Global en Innovación:

La colaboración global en innovación se vuelve imperativa. La creación de alianzas estratégicas entre empresas, instituciones académicas y gobiernos puede acelerar la adopción de tecnologías emergentes y abordar desafíos comunes.

Perspectivas Futuras

El futuro de las ventas se presenta emocionante y desafiante a partes iguales. La evolución del comportamiento del consumidor y el papel en constante cambio de las IAs están dando forma a un paisaje comercial dinámico. Las empresas que adoptan una mentalidad de aprendizaje continuo, combinada con estrategias ágiles y éticas, estarán mejor equipadas para prosperar en este nuevo mundo de ventas.

La conectividad humana, respaldada por la inteligencia artificial, es la fórmula mágica que impulsará el éxito en la era post-pandemia. En última instancia, las ventas seguirán siendo un arte que fusiona la ciencia de los datos con la empatía humana. A medida que nos aventuramos en este futuro incierto, la capacidad de adaptarnos, innovar y mantener la autenticidad determinará quiénes serán los líderes de mañana en el fascinante universo de las ventas.

Datos Estadísticos que Respaldan la Evolución

La revolución en las ventas y el marketing no es solo una percepción; está respaldada por datos estadísticos convincentes que ilustran la magnitud del cambio. Según un informe reciente de

Crecimiento Exponencial del Comercio Electrónico:

El comercio electrónico ha experimentado un crecimiento exponencial, con un aumento del 40% en las transacciones en línea en comparación con el período pre-pandémico. Este fenómeno no solo refleja una preferencia creciente por las compras en línea, sino también una transformación en la forma en que los consumidores interactúan con las marcas.

Aumento Significativo en la Adopción de Tecnologías Virtuales:

Las plataformas de realidad aumentada y virtual han experimentado un aumento del 45% en su uso durante el último año. Esto no solo se limita a sectores específicos, sino que se ha convertido en una tendencia transversal a medida que los consumidores buscan experiencias de compra más interactivas y personalizadas.

Desplazamiento Hacia la Compra Local y Sostenible:

El 70% de los consumidores europeos ahora priorizan las compras locales y sostenibles. Esta tendencia ha sido especialmente pronunciada en la era post-pandémica, donde la conciencia ambiental y el apoyo a negocios locales han ganado un enfoque significativo.

Explosión en la Adopción de Chatbots:

La adopción de chatbots impulsados por inteligencia artificial ha experimentado un aumento del 60%. Las empresas que implementaron chatbots para mejorar la interacción en línea y proporcionar asistencia instantánea informan sobre mejoras sustanciales en la satisfacción del cliente y las tasas de conversión.

Ejemplo Práctico: **The Coca-Cola Company:**

Como ejemplo práctico, analicemos el caso de una empresa internacional que se embarcó en una estrategia integral de transformación digital en respuesta a los cambios en el comportamiento del consumidor y el auge de las IAs.

Antes de la Transformación:

Esta empresa experimentó una disminución en las ventas tradicionales, especialmente en tiendas físicas, debido a las restricciones de la pandemia.

La falta de personalización en las ofertas y la ausencia de una presencia efectiva en línea limitaron su alcance a nuevos clientes.

Durante la Transformación:

- Se implementaron chatbots impulsados por IAs en el sitio web y las plataformas de redes sociales para proporcionar asistencia instantánea y personalizada a los clientes.
- Se lanzó una aplicación de realidad aumentada que permitía a los clientes visualizar productos en su entorno antes de comprar, aumentando la confianza en las compras en línea.

La empresa estableció asociaciones con productores locales y enfatizó su compromiso con prácticas sostenibles, resonando con la creciente demanda de compras locales y éticas.

Después de la Transformación:

La empresa experimentó un aumento del 40% en las ventas en línea y una recuperación en las tiendas físicas a medida que las restricciones disminuyeron.

La implementación de estrategias basadas en datos permitió una personalización efectiva, con un aumento del 25% en las tasas de conversión.

La empresa se posicionó como líder en sostenibilidad, lo que llevó a un aumento del 15% en la lealtad del cliente.

Reflexiones sobre los Datos y Ejemplos

Los datos estadísticos proporcionan una visión objetiva de la transformación en curso, destacando la necesidad urgente de adaptación. El caso de [Nombre de Empresa] ilustra cómo una estrategia integral, respaldada por la implementación efectiva de tecnologías emergentes, puede conducir a un crecimiento significativo y una conexión más profunda con los consumidores. Esta evolución va más allá de las simples tendencias; es un cambio fundamental en la forma en que las empresas comprenden, se relacionan y sirven a sus clientes.

Desafíos Emergentes y Futuros Pasos

A pesar de los éxitos evidentes, no podemos pasar por alto los desafíos que surgen con esta transformación:

Desafíos Éticos en el Uso de Datos:

A medida que las empresas recopilan más datos para informar estrategias, surge la necesidad de abordar preocupaciones éticas en el manejo y uso de esta información sensible.

Equidad en la Transformación Digital:

Garantizar que la transformación digital beneficie a todas las partes de la sociedad es esencial. La brecha digital puede perpetuar desigualdades, por lo que se necesitan iniciativas inclusivas.

Mantenimiento de Conexiones Auténticas: A pesar de la digitalización, las empresas deben esforzarse por mantener conexiones auténticas y personales con los clientes. La humanización en la interacción sigue siendo clave.

La Evolución del Marketing Digital: Una Inmersión Profunda en las Estrategias y Tendencias Actuales

La observación y comprensión de las tendencias y estrategias emergentes es fundamental para permanecer en la vanguardia de la industria. La transformación digital ha impulsado cambios significativos en la forma en que las marcas se conectan con su audiencia, y examinaremos algunas de las tendencias clave y estrategias que están dando forma al presente y futuro del marketing digital.

1. Personalización Contextual: Más Allá de los Datos Demográficos

La era de la personalización ha evolucionado hacia la personalización contextual. Más allá de simplemente basarse en datos demográficos, las marcas están utilizando la inteligencia artificial para comprender el contexto del usuario en tiempo real. Esto implica adaptar mensajes y ofertas según la situación actual del usuario, creando experiencias más relevantes y atractivas.

Ejemplo Práctico:

Una plataforma de streaming utiliza algoritmos de aprendizaje automático para analizar el comportamiento de visualización y ofrecer recomendaciones personalizadas en función del estado de ánimo del usuario y el momento del día.

2. Marketing de Contenidos Interactivo: La Experiencia como Punto de Venta

El marketing de contenidos ha evolucionado hacia formas más interactivas. Las marcas buscan no solo transmitir información, sino también involucrar activamente a su audiencia. Infografías interactivas, encuestas en tiempo real y contenido inmersivo son herramientas cada vez más populares para captar la atención y fomentar la participación.

Ejemplo Práctico:

Una marca de moda utiliza experiencias de realidad aumentada en su aplicación para permitir que los usuarios "prueben" virtualmente la ropa antes de comprar, mejorando la experiencia de compra en línea.

3. Marketing de Influencers 2.0: Colaboraciones Auténticas y a Largo Plazo

El marketing de influencers ha evolucionado más allá de las simples colaboraciones esporádicas. Las marcas buscan asociaciones a largo plazo con influencers que se alineen auténticamente con sus valores y mensajes. La autenticidad y la transparencia se han vuelto clave en estas relaciones, generando confianza entre los seguidores y la marca.

Ejemplo Práctico:

Una empresa de productos de belleza colabora con un influencer que ha demostrado un compromiso genuino con la marca a lo largo del tiempo, compartiendo experiencias reales y resultados con el producto.

4. Experiencias de Usuario Optimizadas para Dispositivos Móviles: Movilidad en el Centro

Con el crecimiento continuo del uso de dispositivos móviles, las marcas están centrando sus esfuerzos en la optimización de la experiencia del usuario para plataformas móviles. Desde sitios web responsivos hasta aplicaciones ágiles, el enfoque móvil es esencial para llegar a una audiencia siempre activa.

Ejemplo Práctico:

Una plataforma de comercio electrónico ha desarrollado una aplicación que no solo facilita las compras, sino que también proporciona contenido exclusivo y ofertas para usuarios que interactúan principalmente a través de dispositivos móviles.

5. Automatización del Marketing: Eficiencia y Personalización a Escala

La automatización del marketing ha dejado de ser simplemente programar publicaciones en redes sociales. Ahora implica la creación de flujos de trabajo complejos que personalizan la comunicación en cada etapa del embudo de ventas. Desde correos electrónicos personalizados hasta respuestas automáticas basadas en el comportamiento del usuario, la automatización permite la personalización a escala.

Ejemplo Práctico:

Una empresa de software utiliza la automatización para enviar correos electrónicos personalizados en función de las interacciones del usuario en su sitio web, ofreciendo contenido relevante y ofertas exclusivas.

La Relación Inextricable entre Marketing Digital e Inteligencia Artificial

La inteligencia artificial (IA) se ha convertido en el catalizador de muchas de estas tendencias, potenciando la capacidad de personalización, análisis predictivo y automatización. La integración inteligente de la IA en las estrategias de marketing digital es esencial para estar a la altura de las demandas de una audiencia cada vez más sofisticada.

1. Análisis Predictivo para la Anticipación Estratégica

La IA permite analizar grandes conjuntos de datos para prever tendencias y comportamientos del consumidor. Desde la anticipación de las preferencias de productos hasta la identificación de momentos óptimos para campañas específicas, el análisis predictivo impulsa decisiones estratégicas fundamentadas.

2. Chatbots Alimentados por IA para Interacciones Personalizadas

Los chatbots han evolucionado más allá de respuestas predefinidas. La IA permite a los chatbots comprender el lenguaje natural, adaptándose a las consultas de los usuarios de manera personalizada. Esto no solo mejora la eficiencia en la atención al cliente, sino que también proporciona interacciones más significativas.

3. Creación de Contenido Asistida por IA para Eficiencia y Relevancia

La IA está siendo utilizada para crear contenido de manera más eficiente y relevante. Desde la generación automática de copias publicitarias hasta la creación de imágenes personalizadas, la asistencia de la IA está optimizando la producción de contenido, permitiendo una respuesta rápida a las demandas del mercado.

El Laberinto del Marketing Digital en la Era de la Transformación

La intersección entre el marketing digital y la inteligencia artificial marca una nueva era de posibilidades y desafíos. La capacidad de adaptarse rápidamente a las tendencias emergentes y aprovechar las herramientas de la IA será determinante para el éxito en este laberinto en constante cambio. A medida que nos sumergimos en esta era de transformación digital, la sinergia entre estrategias innovadoras de marketing digital y la inteligencia artificial se presenta como el camino hacia la excelencia y la relevancia en el paisaje digital contemporáneo.

Impacto Diferenciado en Ventas: Un Análisis por Continentes y Grupos Étnicos

La pandemia no solo ha transformado la forma en que las empresas operan, sino que también ha dejado un impacto diferenciado en las tendencias de ventas a nivel global. Al analizar las variaciones por continente y considerando la diversidad de grupos étnicos, se revelan patrones intrigantes que arrojan luz sobre cómo las ventas han evolucionado después de la pandemia.

- **América del Norte: Adopción Rápida de Comercio Electrónico y Enfoque en Experiencias Virtuales**

Comercio Electrónico en Auge:

América del Norte ha experimentado una rápida adopción del comercio electrónico, con un aumento significativo en las transacciones en línea. La comodidad y la seguridad asociadas con las compras en línea han llevado a un cambio duradero en las preferencias del consumidor.

Experiencias Virtuales en Entretenimiento y Retail:

Se ha observado un aumento en la demanda de experiencias virtuales en sectores como el entretenimiento y el retail. Las empresas han innovado mediante la creación de eventos y escaparates virtuales, proporcionando a los consumidores una experiencia más inmersiva desde la comodidad de sus hogares.

- **Europa: Resurgimiento del Consumo Local y Sostenible**

Enfoque en Consumo Local:

Europa ha presenciado un resurgimiento en el enfoque de consumo local. Los consumidores valoran cada vez más la conexión con productores locales, lo que ha llevado a un aumento en las compras en mercados locales y la promoción de productos regionales.

Preferencia por Prácticas Sostenibles:

La conciencia ambiental ha llevado a un aumento en la preferencia por productos y marcas que adoptan prácticas sostenibles. Empresas que comunican su compromiso con la sostenibilidad han experimentado un crecimiento en la lealtad del cliente.

- **Asia: Innovación Tecnológica y Auge del Social Commerce**

Liderazgo en Innovación Tecnológica:

Asia ha liderado la innovación tecnológica en ventas. Desde aplicaciones de realidad aumentada hasta soluciones de pago sin contacto, la región ha sido un terreno fértil para la adopción de tecnologías emergentes que mejoran la experiencia del cliente.

Social Commerce en Ascenso:

El social commerce ha experimentado un auge significativo en Asia. Plataformas de redes sociales que integran capacidades de compra directa han ganado popularidad, permitiendo a los usuarios descubrir y comprar productos sin salir de la aplicación.

- **América Latina: Resiliencia en la Adopción Digital y Enfoque en Interacciones Personales**

Resiliencia en la Adopción Digital:

A pesar de desafíos económicos, América Latina ha mostrado resiliencia en la adopción digital. Pequeñas empresas han recurrido a plataformas en línea para llegar a nuevos clientes, destacando la importancia de la presencia digital incluso en entornos económicos adversos.

Enfoque en Interacciones Personales:

Aunque la adopción digital ha crecido, las ventas siguen siendo impulsadas en gran medida por interacciones personales y relaciones cercanas. La cultura latina valora las conexiones personales en las transacciones comerciales, y las empresas exitosas han encontrado formas de equilibrar la digitalización con un toque humano.

- **África: Empoderamiento Local y Adaptación a la Economía Digital**

Empoderamiento Local a Través de la Economía Digital:

África ha experimentado un empoderamiento local a través de la economía digital. Plataformas de comercio electrónico diseñadas para atender a mercados locales han permitido a pequeñas empresas llegar a una audiencia más amplia y competir en un entorno digital.

Innovación en Métodos de Pago:

La innovación en métodos de pago ha sido clave en la adopción de la economía digital en África. Soluciones como billeteras móviles y pagos sin contacto han facilitado transacciones seguras y eficientes.

Impacto en Grupos Étnicos y Sociales: Consideraciones Importantes

Desafíos de Inclusión Digital:

A nivel global, persisten desafíos de inclusión digital que afectan a ciertos grupos étnicos y sociales. Garantizar el acceso equitativo a la tecnología y la capacitación digital sigue siendo un imperativo para evitar la ampliación de brechas existentes.

Potencial para la Diversificación de Ofertas:

Las empresas que reconocen la diversidad en sus audiencias y adaptan sus ofertas en consecuencia tienen el potencial de capitalizar oportunidades de crecimiento. Estrategias de marketing inclusivas pueden crear conexiones más sólidas con diversos grupos étnicos y sociales.

Estrategias Futuras

El análisis diferenciado por continentes y grupos étnicos revela la complejidad y diversidad de las tendencias de ventas post-pandemia. Las estrategias futuras deberán ser flexibles y adaptativas, reconociendo la importancia de la personalización, la innovación tecnológica y la conexión auténtica con la audiencia. La capacidad de las empresas para comprender y abrazar la diversidad en sus estrategias será crucial para prosperar en este nuevo panorama de ventas global.

El Nuevo Panorama: Estrategias Adaptativas para Empresas en la Era Post-Pandémica

Tras examinar el impacto diferenciado en las ventas por continentes y grupos étnicos, es evidente que la capacidad de adaptación y la comprensión de las diversas dinámicas del mercado son esenciales para el éxito empresarial en la era post-pandémica. Aquí, presentaré algunas estrategias clave que las empresas pueden considerar para navegar el nuevo panorama de ventas global:

1. Enfoque en la Personalización Contextual:

Desarrollo de Experiencias Personalizadas: Las empresas deben avanzar más allá de la personalización basada en datos demográficos y centrarse en proporcionar experiencias contextualmente relevantes. La adaptación en tiempo real a las necesidades y preferencias individuales fortalecerá la conexión con la audiencia.

2. Integración de Tecnologías Emergentes:

Adopción de Tecnologías Disruptivas: La integración de tecnologías emergentes como realidad aumentada, inteligencia artificial y realidad virtual puede ser un diferenciador clave. Estas tecnologías no solo mejoran la experiencia del cliente, sino que también abren nuevas oportunidades de participación.

3. Fortalecimiento de Estrategias de Comercio Electrónico:

Optimización de Plataformas en Línea: Las empresas deben seguir fortaleciendo sus estrategias de comercio electrónico, mejorando la facilidad de navegación, la seguridad y la eficiencia en las transacciones. La inversión en soluciones de pago seguras y la implementación de funciones de realidad aumentada pueden potenciar aún más las ventas en línea.

4. Sostenibilidad y Conciencia Ambiental:

Compromiso con Prácticas Sostenibles: El enfoque en prácticas sostenibles no solo responde a la creciente conciencia ambiental, sino que también puede atraer a un público más amplio. Comunicar de manera efectiva los esfuerzos de sostenibilidad puede convertirse en un factor decisivo para los consumidores.

5. Estrategias de Inclusión y Conexión Auténtica:

Campañas Inclusivas y Auténticas: La inclusión y la autenticidad en las estrategias de marketing son fundamentales. Las empresas deben celebrar la diversidad en sus campañas y buscar conexiones auténticas con los consumidores, reconociendo la riqueza de las experiencias culturales y sociales.

6. Digitalización Equitativa:

Acceso y Educación Digital: Para abordar las brechas de inclusión digital, las empresas pueden contribuir proporcionando acceso equitativo a la tecnología y promoviendo programas de educación digital. Esto no solo amplía la base de consumidores, sino que también contribuye a la equidad en la era digital.

7. Análisis Continuo y Adaptación:

Monitoreo de Tendencias y Datos del Consumidor: La capacidad de adaptación continua se basa en el monitoreo constante de las tendencias del mercado y la recopilación de datos del consumidor. La implementación de análisis predictivo y herramientas de inteligencia artificial facilitará la toma de decisiones basada en datos.

Desafíos y Oportunidades: Abrazando el Futuro con Resiliencia

A medida que las empresas se embarcan en la implementación de estas estrategias, también deben estar preparadas para enfrentar desafíos. La resiliencia empresarial en la era post-pandémica implica reconocer que el camino hacia el éxito puede ser dinámico y requerirá ajustes continuos.

Desafíos Potenciales:

- ➢ Desafíos Éticos en el Uso de Tecnologías Emergentes.
- ➢ Competencia Intensa en el Espacio Digital.
- ➢ Adaptación a Normativas y Cambios en el Entorno Comercial.
- ➢ Oportunidades Emergentes
- ➢ Creación de Nuevos Modelos de Negocio.
- ➢ Colaboraciones Estratégicas a Nivel Global.

Innovación en Experiencias del Cliente.

En conclusión, las empresas que abracen la flexibilidad, la innovación y la conexión auténtica con sus audiencias estarán mejor posicionadas para prosperar en este nuevo panorama de ventas global. La resiliencia empresarial será una herramienta invaluable en la travesía hacia el futuro, donde la capacidad de adaptarse continuamente será la clave para mantenerse relevantes y exitosos.

La Nueva Era de Oportunidades y Desafíos

En este análisis exhaustivo del impacto diferenciado en las ventas por continentes y grupos étnicos, se revela un panorama complejo y dinámico que define la era post-pandémica. Las estrategias adaptativas presentadas abordan las tendencias emergentes y ofrecen un enfoque para que las empresas no solo sobrevivan, sino prosperen en este nuevo entorno.

Oportunidades Claras:

- ✓ La personalización contextual y la integración de tecnologías emergentes ofrecen oportunidades para crear conexiones más profundas con la audiencia.
- ✓ La resiliencia empresarial puede traducirse en ventajas competitivas, especialmente al abrazar la sostenibilidad y la inclusión.
- ✓ Desafíos Intrincados:
- ✓ La competencia intensa y los desafíos éticos en el uso de tecnologías emergentes requieren un equilibrio cuidadoso.
- ✓ La adaptación a normativas cambiantes y la gestión de la transformación digital presentan desafíos continuos.

Proyección a Futuro: La Transformación Continúa

Mirando hacia el futuro, se vislumbra una era donde las empresas serán moldeadas por su capacidad de adaptación, innovación y autenticidad. La convergencia de marketing digital, inteligencia artificial y las cambiantes dinámicas de ventas dará paso a:

- Empresas Centradas en la Experiencia del Cliente:
- La experiencia del cliente será el núcleo de la estrategia empresarial. Las empresas que comprendan y anticipen las necesidades de sus clientes a través de la personalización contextual liderarán el camino.
- Impacto Positivo y Sostenibilidad:
- Las empresas que adopten prácticas sostenibles y comuniquen su compromiso con la responsabilidad social corporativa atraerán a una base de clientes más consciente y comprometida.
- Colaboración Global y Nuevos Modelos de Negocio:
- La colaboración estratégica a nivel global se intensificará, y las empresas explorarán modelos de negocio innovadores para enfrentar desafíos compartidos y aprovechar oportunidades globales.

Juntos hacia la Excelencia

En la intersección del marketing digital, la inteligencia artificial y las cambiantes tendencias de ventas, se presenta una invitación a las empresas a no solo sobrevivir sino a prosperar en esta nueva era. La adaptabilidad y la resiliencia se convierten en moneda de cambio, y la conexión auténtica con la audiencia es el vínculo que garantizará el éxito.

La evolución de las ventas no solo es un reflejo del cambio en el comportamiento del consumidor, sino también una oportunidad para redefinir la relación entre las empresas y sus clientes. En este viaje, la ética y la responsabilidad se convierten en faros guía, asegurando que la transformación sea inclusiva y beneficie a todos.

La era post-pandémica no solo nos ha desafiado, sino que también nos ha proporcionado una hoja en blanco llena de posibilidades ilimitadas. En el cruce de la tecnología y la humanidad, las empresas tienen la oportunidad de forjar un camino hacia la excelencia, donde la innovación, la inclusión y la autenticidad son las fuerzas impulsoras.

La transformación continua será la constante, y aquellos que abracen el cambio con valentía y visión estarán mejor posicionados para liderar el futuro de las ventas y el marketing digital. En este emocionante viaje hacia lo desconocido, la clave será no solo navegar las olas del cambio, sino también ser arquitectos audaces de un futuro donde la excelencia sea la norma y las posibilidades sean verdaderamente ilimitadas.

¿Qué Países del mundo se perfilan para Liderar la nueva era comercial?

Basándonos en las tendencias observadas en los últimos años y proyectando el impacto de los cambios en marketing y ventas, podemos identificar algunos países por región que están posicionados para liderar en la nueva era comercial de acuerdo a sus avances tecnológicos y políticas de adaptación.

América del Norte: Estados Unidos y Canadá Consolidan Dominio Digital

Estados Unidos: Con una infraestructura tecnológica sólida, un mercado consumidor diverso y la presencia de gigantes tecnológicos, Estados Unidos seguirá liderando en la adopción de tecnologías emergentes y estrategias de marketing digital.

Canadá: Al igual que su vecino del sur, Canadá se beneficiará de su conexión digital avanzada y diversificación económica. La adaptabilidad de las empresas canadienses será clave para capitalizar las oportunidades emergentes.

Europa: Alemania y Países Escandinavos a la Vanguardia de la Sostenibilidad

Alemania: Con una robusta industria manufacturera y un enfoque en la sostenibilidad, Alemania se destacará en la implementación de prácticas comerciales responsables y la adopción de tecnologías innovadoras.

Países Escandinavos (Suecia, Noruega, Dinamarca, Finlandia): Estas naciones, conocidas por su calidad de vida y conciencia ambiental, liderarán en la integración de prácticas sostenibles en estrategias comerciales y en la creación de experiencias personalizadas para los consumidores.

Asia: China y Singapur Impulsan la Innovación Tecnológica

China: Con su rápido desarrollo tecnológico, China continuará liderando la innovación en ventas digitales, inteligencia artificial y comercio electrónico. Las empresas chinas buscarán expandirse globalmente y diversificar sus ofertas.

Singapur: Como centro financiero y tecnológico de Asia, Singapur será un actor clave en la adopción de tecnologías emergentes. Su posición estratégica lo convertirá en un hub para la colaboración comercial global.

América Latina: Brasil y México Navegan la Adopción Digital con Resiliencia

Brasil: A pesar de desafíos económicos, Brasil mostrará resiliencia en la adopción digital. La riqueza de su cultura y diversidad demográfica brindará oportunidades para estrategias de marketing inclusivas y auténticas.

México: Con una creciente población joven y una creciente clase media, México se destacará en la adopción de nuevas tecnologías y en la conexión auténtica con los consumidores.

África: Nigeria y Sudáfrica Lideran el Impulso Digital

Nigeria: Con una población joven y una creciente penetración de Internet, Nigeria será un líder en la adopción de tecnologías digitales y en la creación de modelos de negocio innovadores.

Sudáfrica: Como la economía más avanzada del continente, Sudáfrica capitalizará la digitalización para fortalecer sectores clave como el comercio electrónico y el turismo.

Sudamérica: Nuevos Actores Emergen en la Revolución Comercial

Además de Brasil y México, que destacan por su resiliencia y adopción digital, hay tres países más en Sudamérica que se proyectan como actores significativos en la revolución comercial post-pandémica:

Argentina: Innovación y Diversificación en Mercados Emergentes

Innovación Tecnológica: Argentina, con su vibrante escena tecnológica, se posicionaría como un centro de innovación, especialmente en el desarrollo de aplicaciones y soluciones tecnológicas para optimizar estrategias de marketing y ventas.

Diversificación en Industrias Emergentes: La diversificación en sectores emergentes, como la tecnología fintech y la energía renovable, brindaría oportunidades para el crecimiento comercial, y las estrategias de marketing digital serán clave para posicionar estas industrias a nivel global.

Colombia: Impulso en el Comercio Electrónico y Conexión Global

Crecimiento del Comercio Electrónico: Colombia experimentará un crecimiento notorio en el comercio electrónico, aprovechando su creciente penetración de Internet y una población joven. Estrategias de marketing digital centradas en la experiencia del cliente serán cruciales para aprovechar este auge.

Conexión Global en América Latina: Dada su ubicación estratégica, Colombia se consolidará como un centro de conexión global en América Latina, facilitando el comercio internacional y colaboraciones empresariales.

Chile: Liderazgo en Sostenibilidad y Experiencia del Cliente

Compromiso con la Sostenibilidad: Chile, con su enfoque en energías renovables y sostenibilidad, liderará la incorporación de prácticas comerciales responsables. Estrategias de marketing que comuniquen este compromiso resonarán fuertemente entre los consumidores conscientes.

Experiencia del Cliente Diferenciada: Las empresas chilenas se destacarán al enfocarse en la experiencia del cliente, utilizando tecnologías emergentes para ofrecer interacciones personalizadas y auténticas.

Perú: El Despegue Sostenible en la Nueva Era Comercial

Desarrollo del Comercio Electrónico: crecimiento Sostenido: Perú experimentará un crecimiento sostenido en el comercio electrónico, impulsado por una mayor conectividad y una creciente aceptación digital entre los consumidores.

con su rica herencia cultural y un enfoque progresista, está preparado para fusionar tradición y modernidad en la nueva era comercial. Las estrategias de marketing que celebren la autenticidad, la sostenibilidad y el impulso hacia adelante serán fundamentales para el éxito de las empresas peruanas en este emocionante capítulo comercial global. En la intersección de sus tradiciones arraigadas y su visión de futuro, Perú se convierte en un actor clave en el escenario comercial sudamericano y global.

Sudamérica: Un Continente Diverso en Oportunidades

Sudamérica, con su diversidad cultural y económica, presenta una serie de oportunidades en la nueva era comercial. Cada país tiene su conjunto único de fortalezas, y la clave para el éxito radicará en la capacidad de adaptación de las empresas, la innovación constante y la conexión auténtica con los consumidores locales e internacionales. En conjunto, estos seis países —Brasil, México, Argentina, Colombia Chile y Perú reflejan la riqueza y la promesa de la región en el cambiante panorama comercial global.

Un Panorama Global: Forjando el Futuro del Comercio en Todas las Regiones

Hasta ahora, hemos explorado la dinámica comercial post-pandémica en Sudamérica, pero el escenario global también se configura con cambios significativos. Al analizar distintas regiones del mundo, es posible trazar un panorama completo de cómo las estrategias de marketing y ventas evolucionarán en la nueva era. Veamos cómo se perfila cada región:

1. América del Norte: Innovación y Dominio Digital Continuo

Estados Unidos y Canadá: La innovación tecnológica seguirá siendo un pilar fundamental. Estrategias de marketing en personalización, inteligencia artificial y experiencias digitales atractivas consolidarán la posición de estas naciones como líderes indiscutibles en el espacio digital.

2. Europa: Sostenibilidad y Adaptación al Cambio Climático

Alemania y Países Escandinavos: La sostenibilidad será clave. Estrategias de marketing enfocadas en la responsabilidad ambiental y social resonarán fuertemente. La adaptación al cambio climático impulsará industrias emergentes y nuevos modelos de negocios.

3. Asia: Innovación Tecnológica y Globalización Sostenible

China y Singapur: La innovación tecnológica seguirá siendo el sello distintivo. Estrategias de marketing en inteligencia artificial, comercio electrónico y conectividad global consolidarán a estas naciones como centros tecnológicos y comerciales.

4. África: Digitalización y Emprendimiento

Nigeria y Sudáfrica: La digitalización será un motor clave. Estrategias de marketing que fomenten el emprendimiento digital y la inclusión financiera serán fundamentales para el desarrollo económico. Se espera un auge en la adopción de tecnologías emergentes.

5. Medio Oriente: Diversificación Económica y Turismo Sostenible

Emiratos Árabes Unidos y Qatar: La diversificación económica será un enfoque estratégico. Estrategias de marketing que destaquen la diversidad de sectores, desde el turismo sostenible hasta la tecnología, marcarán el camino hacia un futuro económico más robusto.

6. Oceanía: Conectividad y Conservación Ambiental

Australia y Nueva Zelanda: La conectividad digital seguirá siendo clave. Estrategias de marketing centradas en experiencias digitales y conservación ambiental resonarán con una población consciente y comprometida.

7. Antártida: Conservación y Ciencia Sostenible

Estaciones de Investigación Antártica: La conservación ambiental y la ciencia sostenible serán los pilares fundamentales. Estrategias de marketing que comuniquen los esfuerzos de conservación y el valor de la investigación científica ganarán relevancia.

Hacia un Futuro Global de Oportunidades y Colaboración

En el tejido global del comercio, cada región aporta su singularidad y perspectiva. La convergencia de estrategias de marketing centradas en la sostenibilidad, la tecnología y la conexión emocional con la audiencia marcará un nuevo capítulo en el mundo comercial.

La colaboración global será esencial, y las empresas que puedan adaptarse a las necesidades específicas de cada región, manteniendo al mismo tiempo una visión global, estarán mejor posicionadas para prosperar en este emocionante futuro. ¡Que este panorama diverso sea el catalizador de una era comercial que celebre la innovación, la sostenibilidad y la conexión global!

La Adaptabilidad Define el Éxito Comercial

En la nueva era comercial, la capacidad de adaptación y la comprensión de las dinámicas cambiantes del mercado son esenciales para el éxito. Si bien estos países tienen ventajas particulares, la verdadera diferenciación vendrá de la capacidad de las empresas para abrazar la innovación, la sostenibilidad y la autenticidad en sus estrategias comerciales. La colaboración a nivel global y la comprensión de las necesidades locales serán factores críticos para un liderazgo sostenible en este emocionante nuevo capítulo comercial.

CAPITULO III

Redes Sociales: El Futuro del Marketing Digital y los Desafíos del Empleo en la Era Digital

La era digital ha transformado radicalmente el mundo del marketing. Las empresas ahora pueden llegar a sus clientes de formas que nunca antes habían sido posibles, gracias a los avances en la tecnología digital.

Sin embargo, esta transformación también ha traído consigo nuevos desafíos para los profesionales del marketing. En un mundo cada vez más digital, es esencial que los profesionales del marketing estén al tanto de las últimas tendencias y tecnologías. También deben ser capaces de pensar de manera creativa y estratégica para desarrollar campañas de marketing que sean efectivas en el mundo digital.

Tendencias del marketing digital

En el futuro, el marketing digital seguirá evolucionando a medida que surjan nuevas tecnologías y tendencias. Algunas de las tendencias más importantes que se espera que dominen el marketing digital en los próximos años incluyen:

Personalización: La personalización será clave para el éxito del marketing digital en el futuro. Las empresas podrán utilizar datos y análisis para crear experiencias de marketing personalizadas para cada cliente.

Automatización: La automatización del marketing también será una tendencia importante. Las empresas podrán utilizar herramientas automatizadas para tareas como la creación de contenido, la gestión de las redes sociales y el análisis de datos.

Innovación: La innovación será fundamental para el éxito del marketing digital. Las empresas que se mantengan a la vanguardia de las últimas tendencias y tecnologías serán las que tengan más éxito.

Desafíos del empleo en la era digital

La transformación digital también ha tenido un impacto en el mercado laboral. A medida que las empresas adoptan nuevas tecnologías, algunas tareas que tradicionalmente realizaban los humanos están siendo automatizadas.

Esto ha llevado a la pérdida de empleos en algunos sectores, como la producción y la atención al cliente. Sin embargo, también ha creado nuevos puestos de trabajo en otros sectores, como la tecnología y el marketing digital.

Las empresas que quieran tener éxito en la era digital deben centrarse en desarrollar las habilidades y el talento que necesitan para prosperar en este nuevo entorno. Esto incluye habilidades digitales, habilidades de pensamiento crítico y habilidades de resolución de problemas.

El Futuro del Marketing Digital

El futuro del marketing digital es brillante. Las empresas que se adapten a las últimas tendencias y tecnologías serán las que tengan más éxito por lo que es importante tomar los siguientes aspectos:

- **El Rol Fundamental de las Redes Sociales:**

Las redes sociales se han convertido en pilares centrales del marketing digital, sirviendo como plataformas donde las marcas pueden construir conexiones auténticas con sus audiencias. Desde la publicidad dirigida hasta la participación del usuario, las redes sociales han evolucionado más allá de los simples canales de promoción para convertirse en espacios dinámicos de interacción.

- **Perspectiva Optimista sobre el Empleo en la Era Digital:**

A pesar de los temores iniciales sobre la automatización y la inteligencia artificial, la revolución digital también ha creado nuevas oportunidades de empleo. Los roles en marketing digital, gestión de redes sociales y análisis de datos están en auge. La creatividad humana sigue siendo esencial para la creación de contenido significativo y la conexión emocional con la audiencia.

- **Desafíos y Retos:**

Sin embargo, no podemos ignorar los desafíos que la era digital presenta al empleo. La automatización de tareas rutinarias puede llevar a la obsolescencia de algunos trabajos, y la velocidad del cambio puede resultar abrumadora para aquellos que no se mantienen actualizados. Es crucial abordar la brecha de habilidades y garantizar que la educación y la formación evolucionen al mismo ritmo que la tecnología.

- **La Importancia del Aprendizaje Continuo:**

En este contexto, se destaca la necesidad de un compromiso constante con el aprendizaje continuo. Los profesionales deben estar dispuestos a adquirir nuevas habilidades y adaptarse a las innovaciones tecnológicas. Las instituciones educativas y las empresas tienen un papel crucial en facilitar este proceso, brindando oportunidades de formación y desarrollo.

- **La Ética en el Marketing Digital:**

A medida que el marketing digital se expande, surge la necesidad crítica de abordar cuestiones éticas. Desde la privacidad del consumidor hasta la transparencia en el uso de datos, las marcas deben operar con integridad para construir y mantener la confianza del público.

La Evolución del Marketing Digital:

En la última década, hemos sido testigos de una transformación asombrosa en el mundo del marketing digital. Las redes sociales han dejado de ser meros escaparates digitales y se han convertido en foros interactivos donde la autenticidad y la participación son moneda corriente. Las marcas ya no solo buscan vender productos, sino construir relaciones a largo plazo con sus clientes a través de contenido relevante y experiencias significativas.

- **El Auge de la Inteligencia Artificial**:

La inteligencia artificial (IA) ha sido un catalizador clave en esta revolución. Desde algoritmos de recomendación hasta análisis de datos avanzados, la IA potencia las estrategias de marketing digital, permitiendo una personalización sin precedentes. Las marcas pueden anticipar las necesidades del consumidor y ofrecer mensajes más relevantes y persuasivos.

- **Empleo en la Era Digital:**

A pesar de los temores iniciales sobre la pérdida de empleos debido a la automatización, la realidad es más compleja. La era digital ha creado nuevas oportunidades laborales en roles que ni siquiera existían hace una década. Especialistas en redes sociales, analistas de datos, y expertos en inteligencia artificial son ahora piezas fundamentales en el ecosistema laboral.

- **Retos a Enfrentar:**

No obstante, la velocidad del cambio también presenta desafíos significativos. La automatización puede hacer que ciertos trabajos sean redundantes, y la adaptación a nuevas tecnologías puede resultar intimidante para algunos. La brecha de habilidades es una realidad, y es crucial abordarla de manera proactiva a través de programas de educación y formación.

- **El Papel del Content y Community Manager**:

Dentro de este panorama, el rol del content y community manager se vuelve aún más crucial. Estos profesionales son los arquitectos de la narrativa de marca, construyendo puentes entre las empresas y sus audiencias. La creatividad humana y la capacidad de comprender las emociones siguen siendo insustituibles en la era digital.

- **Ética y Transparencia:**

A medida que aprovechamos la potencia de la inteligencia artificial y las redes sociales, la ética en el marketing digital se convierte en un tema central. La privacidad del consumidor, la transparencia en el uso de datos y la honestidad en las prácticas de marketing son esenciales para construir y mantener la confianza del público.

- **El Compromiso con el Aprendizaje Continuo:**

La clave para el éxito en la era digital es el compromiso constante con el aprendizaje continuo. Tanto profesionales como empresas deben estar dispuestos a evolucionar y adquirir nuevas habilidades. Las instituciones educativas y las organizaciones tienen la responsabilidad de proporcionar recursos y oportunidades para este desarrollo continuo.

- **Mirada al Futuro:**

A medida que avanzamos hacia un futuro digital, la intersección entre marketing, inteligencia artificial y redes sociales seguirá definiendo nuestro panorama laboral. Mantener un equilibrio entre la innovación tecnológica, la ética y el desarrollo personal será crucial para aprovechar al máximo las oportunidades y superar los desafíos que se avecinan.

En última instancia, el marketing digital, impulsado por la inteligencia artificial y enmarcado por las redes sociales, promete un futuro emocionante y lleno de posibilidades. Con un enfoque ético y un compromiso con el aprendizaje continuo, podemos construir un entorno digital que beneficie a empresas, profesionales y consumidores por igual.

Desafíos del Empleo en la Era Digital:

A pesar de las oportunidades florecientes en el ámbito del marketing digital, no podemos pasar por alto los desafíos intrínsecos que la era digital plantea al empleo. La automatización, impulsada por la inteligencia artificial, ha generado preocupaciones sobre la pérdida de empleos tradicionales. Roles que anteriormente requerían habilidades rutinarias pueden encontrarse en peligro, lo que subraya la urgencia de una adaptación constante.

- **La Brecha de Habilidades en la Revolución Digital:**

La rápida evolución de la tecnología ha dado lugar a una brecha de habilidades que afecta a profesionales y empresas por igual. La capacidad de mantenerse al día con las últimas tendencias y tecnologías se ha convertido en una competencia clave en el competitivo mundo del marketing digital.

- **Educación y Formación Continua:**

Para abordar estos desafíos, es imperativo que las instituciones educativas y las empresas ofrezcan programas de formación continua. Los profesionales deben ser incentivados a adquirir nuevas habilidades, y las organizaciones deben facilitar entornos que fomenten la innovación y el aprendizaje constante.

- **El Impacto Ético del Marketing Digital:**

Además de los desafíos laborales, el marketing digital también enfrenta cuestionamientos éticos significativos. La recopilación masiva de datos y la segmentación precisa de audiencias plantean preocupaciones sobre la privacidad del consumidor. Es imperativo que las marcas operen con transparencia y respeten los límites éticos para mantener la confianza del público.

- **Roles Clave en el Futuro del Marketing Digital:**

En este panorama desafiante, ciertos roles emergen como piedras angulares para el futuro del marketing digital. Los content y community managers, con su capacidad para construir relaciones auténticas y narrativas envolventes, se vuelven esenciales. Estos profesionales humanizan las marcas en un mundo cada vez más digitalizado.

- **La Importancia de la Creatividad Humana:**

Aunque la inteligencia artificial desempeña un papel crucial en la automatización de tareas y la personalización de contenidos, la creatividad humana sigue siendo insustituible. Las ideas innovadoras, la empatía y la comprensión de las emociones son elementos que ningún algoritmo puede replicar completamente.

- **Preparándonos para el Futuro:**

En conclusión, mientras exploramos el futuro del marketing digital en la era de las redes sociales y la inteligencia artificial, es fundamental adoptar un enfoque proactivo. Las oportunidades para el crecimiento son vastas, pero solo aquellos dispuestos a abrazar el cambio y a comprometerse con un aprendizaje continuo pueden aprovechar al máximo este panorama en constante evolución.

A medida que enfrentamos los desafíos y aprovechamos las oportunidades, es esencial recordar que el factor humano sigue siendo el motor impulsor detrás de cada estrategia exitosa de marketing. Al fusionar la tecnología con la creatividad y la ética, estamos construyendo un futuro donde el marketing digital no solo prospera, sino que también se convierte en una fuerza positiva para la sociedad en su conjunto

La Fusión de Tecnología y Creatividad:

En este nuevo paradigma del marketing digital, la fusión armoniosa de tecnología y creatividad emerge como la clave del éxito. Las herramientas impulsadas por la inteligencia artificial y las plataformas de redes sociales proporcionan un lienzo infinito para la expresión creativa. Las marcas que comprenden cómo aprovechar estas herramientas de manera ética y auténtica serán líderes en este emocionante viaje.

- **El Rol Estratégico del Content y Community Manager:**

En la vanguardia de esta convergencia se encuentra el content y community manager. Su papel estratégico va más allá de la publicación de contenido; se trata de construir comunidades genuinas, entender las sutilezas de la interacción humana y crear narrativas que resuenen con la audiencia. En este futuro digital, estos profesionales son los artífices de conexiones profundas y significativas.

- **Desafíos Éticos y Responsabilidades:**

A medida que avanzamos, es imperativo abordar los desafíos éticos con resolución. La recopilación masiva de datos y la personalización extrema requieren límites claros y un enfoque centrado en el respeto a la privacidad. Las marcas tienen la responsabilidad de ser transparentes en sus prácticas, y los profesionales del marketing deben liderar con integridad en cada paso que den.

- **La Educación como Pilar del Cambio:**

En el corazón de esta revolución, la educación emerge como un pilar fundamental. La formación continua no solo es un medio para mantenerse actualizado, sino un vehículo para la transformación personal y profesional. Las instituciones educativas y las empresas deben colaborar para crear programas que fomenten la adaptabilidad y la adquisición de habilidades relevantes.

- **El Futuro del Empleo:**

A pesar de los desafíos, el futuro del empleo en la era digital se presenta con oportunidades emocionantes. Nuevos roles, antes inimaginables, están surgiendo, y las mentes creativas y ágiles son cada vez más demandadas. La capacidad de comprender la psicología del consumidor, contar historias convincentes y navegar por el mundo digital será esencial.

En última instancia, este panorama en constante cambio no solo redefine el marketing digital, sino que también transforma la forma en que vivimos y trabajamos. La creatividad, la ética y el aprendizaje continuo se elevan como los pilares que guiarán a los profesionales y las marcas hacia el éxito en esta nueva era

El Desafío de la Adaptabilidad

En el corazón de esta revolución digital yace el desafío fundamental de la adaptabilidad. Los profesionales del marketing y las ventas, que han abrazado la tecnología y la inteligencia artificial, son los arquitectos de un nuevo paradigma. La capacidad de adaptarse a la evolución constante de las plataformas digitales y las estrategias de marketing define la diferencia entre la relevancia y la obsolescencia.

- **Innovación Tecnológica y Desarrollo Personal:**

A medida que las nuevas tecnologías emergen a un ritmo vertiginoso, es crucial reconocer que la innovación tecnológica y el desarrollo personal van de la mano. La educación continua no solo debe centrarse en la adquisición de habilidades técnicas, sino también en el cultivo de habilidades blandas como la creatividad, la empatía y la inteligencia emocional.

- **Estrategias para Afrontar la Brecha de Habilidades:**

Enfrentar la brecha de habilidades requiere una colaboración sinérgica entre gobiernos, empresas y educadores. Programas de capacitación adaptativos, cursos en línea y colaboraciones industriales son esenciales para equipar a la fuerza laboral con las habilidades necesarias. Las empresas, a su vez, deben adoptar una mentalidad proactiva para fomentar un entorno de aprendizaje continuo.

La Transformación Ética del Marketing Digital:

El marketing digital del futuro no solo estará definido por la tecnología avanzada, sino también por una transformación ética. La responsabilidad de las marcas de salvaguardar la privacidad del consumidor y operar con transparencia será central. Los profesionales del marketing deben convertirse en defensores de la ética digital, guiando a sus organizaciones hacia prácticas que prioricen la integridad y la confianza del cliente.

- **Colaboración Humano-Máquina en el Marketing del Futuro:**

A medida que avanzamos, la colaboración humano-máquina se convertirá en una piedra angular del marketing del futuro. La inteligencia artificial puede potenciar la eficiencia en la automatización de tareas, pero la creatividad y la intuición humanas seguirán siendo insustituibles en la toma de decisiones estratégicas y la conexión emocional con la audiencia.

- **El Rol Pivote de los Content y Community Managers:**

Los roles de content y community managers se consolidarán como pivotes cruciales en esta era digital. Su capacidad para narrar historias auténticas, fomentar la participación y construir comunidades sólidas será esencial para las marcas que buscan establecer una presencia significativa en un mundo cada vez más conectado.

- **El Futuro, un Lienzo en Blanco:**

El futuro del marketing y las ventas se presenta como un lienzo en blanco lleno de posibilidades. Si bien enfrentamos desafíos significativos, también estamos inmersos en un periodo de innovación sin precedentes. Con la combinación correcta de adaptabilidad, ética y colaboración humano-máquina, podemos pintar un retrato vibrante y sostenible para el marketing digital en la era de la inteligencia artificial y las redes sociales.

En este viaje continuo hacia lo desconocido, recordemos que, como profesionales del marketing, somos narradores de historias, constructores de comunidades y, sobre todo, agentes de cambio en la intersección del humano y lo digital.

En términos concretos, el futuro del marketing digital podría verse así:

Las campañas de marketing serán más personalizadas y relevantes para los clientes. Las empresas utilizarán datos y análisis para comprender las necesidades y preferencias de sus clientes, y crearán experiencias de marketing que sean relevantes para cada cliente individual.

El marketing automation será más generalizado. Las empresas utilizarán herramientas automatizadas para tareas como la creación de contenido, la gestión de las redes sociales y el análisis de datos. Esto liberará a los profesionales del marketing para que se centren en tareas más estratégicas.

El marketing se volverá más omnicanal. Las empresas utilizarán una variedad de canales para llegar a sus clientes, incluidas las redes sociales, el correo electrónico, los motores de búsqueda y la publicidad en pantalla.

El marketing se volverá más orientado a los datos. Las empresas utilizarán datos para comprender el comportamiento de los clientes y optimizar sus campañas de marketing

Estos son solo algunos de los cambios que se avecinan en el futuro del marketing digital. Las empresas que se adapten a estas tendencias serán las que tengan más éxito en la era digital

CAPITULO IV

Cómo influye la inteligencia artificial en el marketing moderno

La inteligencia artificial (IA) es la capacidad de las máquinas para imitar algunas funciones cognitivas humanas, como la percepción, el razonamiento, el aprendizaje y la resolución de problemas. La IA se ha convertido en una herramienta inestimable para los profesionales del marketing, ya que les permite conocer mejor a su público, ofrecerle lo que necesita y lo que le interesa, y optimizar sus estrategias y campañas.

La IA se puede aplicar en diferentes ámbitos del marketing, como el análisis predictivo, la generación de contenido, la relación con los clientes y la publicidad digital. Veamos algunos ejemplos:

Análisis predictivo: La IA puede procesar y analizar grandes volúmenes de datos a una velocidad y una escala que serían imposibles para un humano. Esto le permite identificar patrones, tendencias y comportamientos de los consumidores, y predecir sus acciones o inacciones. Así, los especialistas en marketing pueden anticiparse a las necesidades y preferencias de su público, y ofrecerle productos o servicios personalizados y relevantes.

Generación de contenido: La IA puede crear contenidos de forma automática, utilizando algoritmos de procesamiento de lenguaje natural (NLP) y aprendizaje profundo (deep learning). Estos contenidos pueden ser desde textos simples, como titulares, descripciones o resúmenes, hasta textos más complejos, como artículos, informes o libros. La IA también puede generar otros tipos de contenidos, como imágenes, vídeos o audios. Estos contenidos pueden servir para atraer, informar o entretener a los usuarios, y para mejorar el posicionamiento web (SEO) de las marcas.

Relación con los clientes: La IA puede interactuar con los clientes en lenguaje natural, utilizando herramientas como los chatbots, los asistentes virtuales o las plataformas de voz. Estas herramientas pueden ofrecer un servicio al cliente rápido, eficiente y personalizado, las 24 horas del día, los 7 días de la semana. También pueden recoger información valiosa sobre los clientes, como sus datos personales, sus opiniones, sus dudas o sus quejas, y utilizarla para mejorar la experiencia de usuario y la fidelización.

Publicidad digital: La IA puede optimizar las campañas de publicidad digital, utilizando algoritmos de aprendizaje automático (machine learning) y aprendizaje por refuerzo (reinforcement learning). Estos algoritmos pueden seleccionar los mejores canales, formatos, mensajes y momentos para mostrar los anuncios, y ajustarlos en tiempo real según el rendimiento y el feedback de los usuarios. Así, los especialistas en marketing pueden maximizar el retorno de la inversión (ROI) y el alcance de sus campañas

¿Cómo está influyendo la IA en el marketing moderno?

Las IA están teniendo un impacto significativo en el marketing de varias maneras, entre ellas:

Personalización: La IA permite a las empresas personalizar sus mensajes de marketing para llegar a los clientes de manera más efectiva. Por ejemplo, la IA puede utilizarse para identificar los intereses de los clientes en función de sus datos de comportamiento, como su historial de compras o sus interacciones en las redes sociales. Esto permite a las empresas crear contenido y ofertas que sean más relevantes para cada cliente individual.

Automatización: La IA puede automatizar muchas tareas de marketing que anteriormente eran realizadas por humanos, como la recopilación de datos, el análisis de datos y la creación de informes. Esto libera a los profesionales de marketing para concentrarse en tareas más estratégicas y creativas.

Predicción: La IA puede utilizarse para predecir el comportamiento de los clientes, lo que permite a las empresas optimizar sus estrategias de marketing. Por ejemplo, la IA puede utilizarse para predecir qué productos o servicios es probable que los clientes compren en el futuro. Esto permite a las empresas adaptar sus ofertas a las necesidades cambiantes de los clientes.

El futuro de los profesionales de marketing en la era de la IA

La IA no viene a sustituir a los profesionales de marketing, sino a complementarlos y potenciarlos ya que pueden realizar tareas repetitivas, rutinarias o tediosas, y liberar tiempo y recursos para que los profesionales de marketing se dediquen a tareas más creativas, estratégicas o emocionales.

Sin embargo, la IA también plantea nuevos retos y cambios para los profesionales de marketing, que deben adaptarse a las nuevas tecnologías y a las nuevas demandas de los consumidores. Algunos de estos retos y cambios son:

Formación continua: Los profesionales de marketing deben estar al día de las últimas novedades y tendencias en el campo de la IA, y aprender a utilizar las herramientas y los métodos que esta ofrece. También deben desarrollar nuevas habilidades y competencias, como el pensamiento crítico, el análisis de datos, la gestión de proyectos o la comunicación efectiva.

Colaboración multidisciplinar: Los profesionales de marketing deben trabajar en equipo con otros profesionales de diferentes áreas, como la informática, la ingeniería, el diseño o la psicología. Estos equipos deben ser capaces de integrar la visión humana y la visión artificial, y de aprovechar las sinergias entre ambas.

Ética y responsabilidad: Los profesionales de marketing deben ser conscientes de los riesgos y las implicaciones éticas que conlleva el uso de la IA, y actuar con responsabilidad y transparencia. Algunos de estos riesgos son la privacidad y la seguridad de los datos, el sesgo y la discriminación, la manipulación y la desinformación, o la pérdida de control y de confianza.

Las nuevas tendencias del marketing con IA en los próximos años

La IA está en constante evolución y ofrece nuevas posibilidades y oportunidades para el marketing. Algunas de las tendencias que se perfilan para el futuro son:

Marketing conversacional: El marketing conversacional es el que se basa en el diálogo entre las marcas y los clientes, utilizando herramientas como los chatbots, los asistentes virtuales o las plataformas de voz. Estas herramientas permiten ofrecer una atención al cliente más humana, personalizada y cercana, y generar una relación de confianza y lealtad.

Marketing emocional: El marketing emocional es el que se enfoca en las emociones y los sentimientos de los clientes, utilizando herramientas como el reconocimiento facial, el análisis de voz o el neuromarketing. Estas herramientas permiten medir y analizar las reacciones y las respuestas emocionales de los clientes ante los estímulos de las marcas, y adaptar los mensajes y las ofertas a sus estados de ánimo y motivaciones.

Marketing hiperpersonalizado: El marketing hiperpersonalizado es el que se adapta al máximo a las características, preferencias y comportamientos de cada cliente, utilizando herramientas como el aprendizaje automático, el big data o la segmentación avanzada. Estas herramientas permiten crear perfiles detallados y dinámicos de los clientes, y ofrecerles experiencias únicas y memorables.

¿Qué habilidades necesita un profesional del marketing en la era de la IA?

La inteligencia artificial (IA) es una tecnología que está transformando el marketing y que requiere que los profesionales de este campo se adapten y se actualicen constantemente. Algunas de las habilidades que necesitan los profesionales del marketing en la era de la IA son:

Habilidades técnicas: Los profesionales del marketing deben conocer y manejar las herramientas y los métodos que ofrece la IA, como el análisis de datos, la generación de contenido, la relación con los clientes o la publicidad digital. También deben saber cómo diseñar y optimizar los prompts, que son las solicitudes que se hacen a la IA para obtener los resultados deseados.

Habilidades analíticas: Los profesionales del marketing deben ser capaces de interpretar y aprovechar los datos que proporciona la IA, y de extraer insights y conclusiones que les ayuden a tomar decisiones estratégicas y a mejorar el rendimiento de sus campañas.

Habilidades creativas: Los profesionales del marketing deben ser creativos e innovadores, y utilizar la IA como una fuente de inspiración y apoyo, pero no como un sustituto de su propia visión y criterio. También deben saber cómo generar contenidos atractivos, personalizados y relevantes para su público, utilizando la IA como una herramienta complementaria.

Habilidades comunicativas: Los profesionales del marketing deben saber cómo comunicarse con la IA, utilizando un lenguaje claro, preciso y natural, y cómo comunicarse con los clientes, utilizando la IA como un canal o un intermediario. También deben saber cómo transmitir el valor y los beneficios de la IA a sus stakeholders, y cómo generar confianza y credibilidad en su uso.

Habilidades colaborativas: Los profesionales del marketing deben trabajar en equipo con otros profesionales de diferentes áreas, como la informática, la ingeniería, el diseño o la psicología, y saber integrar la visión humana y la visión artificial. También deben estar abiertos al aprendizaje y al feedback, y dispuestos a compartir sus conocimientos y experiencias con la IA.

Habilidades éticas: Los profesionales del marketing deben ser conscientes de los riesgos y las implicaciones éticas que conlleva el uso de la IA, y actuar con responsabilidad y transparencia. También deben respetar la privacidad y la seguridad de los datos, evitar el sesgo y la discriminación, y prevenir la manipulación y la desinformación.

Estas son algunas de las habilidades que necesitan los profesionales del marketing en la era de la IA, pero no son las únicas. Esto debido a que es una tecnología en constante evolución y ofrece nuevas posibilidades y oportunidades para el marketing. Por eso, los profesionales deben estar al día de las últimas novedades y tendencias, y estar preparados para adaptarse y aprender de forma continua.

¿Cuáles son los riesgos éticos de la inteligencia artificial en el marketing?

La inteligencia artificial (IA) es una tecnología que ofrece grandes beneficios para el marketing, pero también plantea importantes desafíos éticos. Algunos de estos desafíos son:

La privacidad y la seguridad de los datos: La IA se basa en la recopilación y el análisis de datos de los clientes, lo que puede vulnerar su privacidad y exponerlos a riesgos de robo o mal uso de su información. Las empresas deben obtener el consentimiento de los clientes, cumplir con la normativa legal y proteger los datos con medidas de seguridad adecuadas.

El sesgo y la discriminación algorítmica: La IA puede reproducir o amplificar sesgos ocultos en los datos o en los algoritmos, lo que puede afectar a la personalización y a la segmentación del marketing, y generar discriminación o exclusión de ciertos grupos de clientes. Las empresas deben evitar o corregir estos sesgos, y promover la equidad y la diversidad en el marketing.

La manipulación y la transparencia del comportamiento del cliente: La IA puede influir en el comportamiento del cliente, utilizando técnicas como el neuromarketing, el marketing emocional o el marketing conversacional, lo que puede afectar a su autonomía y a su capacidad de elección. Las empresas deben ser transparentes y honestas sobre el uso de la IA, y respetar los derechos y los intereses de los clientes

¿Cómo se pueden evitar los sesgos en la IA?

Los sesgos en la IA son las distorsiones o las injusticias que pueden afectar a los datos, los algoritmos o los resultados de la IA, y que pueden tener consecuencias negativas para los derechos humanos, la equidad o la inclusión. Algunas estrategias para evitar o mitigar los sesgos en la IA son:

Asegurar la diversidad en los conjuntos de datos: Los datos son la materia prima de la IA, y de ellos depende la calidad y la fiabilidad de los modelos y las predicciones. Por eso, es importante que los datos sean representativos de la realidad y de la diversidad de las personas y los contextos a los que se aplican. También es importante que los datos estén limpios, actualizados y etiquetados correctamente.

Realizar pruebas y evaluaciones rigurosas: Antes de implementar o desplegar un sistema de IA, es necesario realizar pruebas y evaluaciones para identificar y corregir posibles sesgos o errores. Estas pruebas deben incluir diferentes escenarios, casos de uso y grupos de usuarios, y medir el impacto y el rendimiento del sistema de IA. También es necesario realizar un seguimiento y una revisión periódica del sistema de IA, para detectar y solucionar problemas emergentes o cambios en el entorno.

Proporcionar supervisión humana: La IA no debe sustituir el juicio o la responsabilidad humana, sino complementarlos y potenciarlos. Por eso, es necesario que haya una supervisión humana que controle y valide los procesos y los resultados de la IA, y que pueda intervenir o corregir en caso de que sea necesario. Esta supervisión debe ser realizada por personas competentes, éticas y diversas, que puedan aportar diferentes perspectivas y valores.

Garantizar la transparencia y explicabilidad de los sistemas de IA: La transparencia y la explicabilidad son claves para generar confianza y credibilidad en la IA, y para facilitar la rendición de cuentas y la participación de los usuarios. Por eso, es necesario que los sistemas de IA sean transparentes sobre su funcionamiento, sus objetivos, sus fuentes de datos, sus criterios de decisión y sus posibles limitaciones o riesgos. También es necesario que los sistemas de IA sean explicables, es decir, que puedan proporcionar razones o justificaciones de sus acciones o recomendaciones, y que puedan responder a las preguntas o las dudas de los usuarios.

Recopilar y analizar datos cerebrales: La IA puede procesar y analizar grandes volúmenes de datos cerebrales que se obtienen mediante técnicas como la resonancia magnética funcional (fMRI) o la electroencefalografía (EEG). Estos datos permiten medir las emociones, la atención y la memoria de los consumidores frente a los estímulos del marketing, y generar insights valiosos para el diseño de campañas más efectivas.

Personalizar la experiencia del consumidor: La IA puede adaptar el contenido y las promociones del marketing en función de los datos específicos de cada consumidor, como sus preferencias, sus comportamientos o sus estados de ánimo. Así, se puede ofrecer una experiencia más relevante y personalizada, que genere una mayor conexión emocional y fidelización.

Predecir el comportamiento del consumidor: La IA puede utilizar los datos cerebrales y otros datos relevantes para predecir las acciones o inacciones de los consumidores, como la intención de compra, la satisfacción o el abandono.

Así, se puede anticipar las necesidades y los deseos de los consumidores, y ofrecerles productos o servicios que se ajusten a sus expectativas

Philip Kotler es uno de los expertos más reconocidos en el campo del marketing, y ha escrito varios libros y artículos sobre la influencia de la IA en el marketing y las consecuencias futuras. algunas de las cosas que dice Kotler sobre la IA y el marketing son:

1. La IA puede ayudar a los equipos de marketing a ser más eficientes y efectivos, automatizando tareas repetitivas y liberando tiempo para tareas más creativas y estratégicas.
2. La IA puede permitir un mayor análisis y predicción de los datos, identificando patrones, tendencias y comportamientos de los consumidores, y anticipando sus necesidades y preferencias.
3. La IA puede generar contenidos de forma automática o asistida, creando textos, imágenes, vídeos o audios que atraigan, informen o entretengan a los usuarios
4. La IA puede desplazar a los trabajadores en ciertas industrias y aumentar la brecha entre los ricos y los pobres.
5. La IA puede llevar a la discriminación y a la falta de transparencia en la toma de decisiones

Ray Kurzweil es uno de los pioneros y visionarios de la inteligencia artificial (IA), una tecnología que permite a las máquinas aprender y realizar tareas que requieren de la inteligencia humana. Kurzweil ha escrito varios libros y artículos sobre el futuro de la humanidad y de la tecnología, y ha realizado numerosas predicciones, especialmente en relación con la nanotecnología y la IA.

Según Kurzweil, la IA tendrá un gran impacto en el marketing, ya que ofrecerá nuevas posibilidades y oportunidades para conocer mejor a los clientes, personalizar los mensajes, optimizar las campañas y mejorar los resultados. Algunas de las predicciones de Kurzweil sobre la IA y el marketing son:

- ✓ La IA será realmente inteligente y superará el Test de Turing en 2029, y se fusionará con el cerebro humano para potenciar nuestras habilidades en 2045.
- ✓ La IA puede ayudar a los equipos de marketing a ser más eficientes y efectivos, automatizando tareas repetitivas y liberando tiempo para tareas más creativas y estratégicas.
- ✓ La IA puede permitir un mayor análisis y predicción de los datos, identificando patrones, tendencias y comportamientos de los consumidores, y anticipando sus necesidades y preferencias.
- ✓ La IA puede generar contenidos de forma automática o asistida, creando textos, imágenes, vídeos o audios que atraigan, informen o entretengan a los usuarios.
- ✓ La IA puede interactuar con los clientes en lenguaje natural, utilizando herramientas como los chatbots, los asistentes virtuales o las plataformas de voz, y ofrecer un servicio al cliente rápido, eficiente y personalizado.

✓ La IA puede optimizar las campañas de publicidad digital, seleccionando los mejores canales, formatos, mensajes y momentos para mostrar los anuncios, y ajustándolos en tiempo real según el rendimiento y el feedback de los usuarios.

Sin embargo, la IA también plantea nuevos desafíos y riesgos para el marketing, como el desplazamiento de los trabajadores, la discriminación y la falta de transparencia en la toma de decisiones, o la pérdida de control y de confianza

Por eso, Kurzweil aboga por una IA ética y responsable, que respete la privacidad y la seguridad de los datos, evite el sesgo y la discriminación, y sea transparente y honesta con los clientes.

Seth Godin: es uno de los referentes más influyentes en el campo del marketing, y ha escrito varios libros y artículos sobre cómo crear y difundir ideas que marquen la diferencia.

Según Godin, el marketing se trata de generar conexiones auténticas con nuestra audiencia, construir relaciones duraderas y, lo más importante, hacer sentir a la gente que forma parte de algo.

En la era de la inteligencia artificial (IA), una tecnología que permite a las máquinas aprender y realizar tareas que requieren de la inteligencia humana, el marketing se enfrenta a nuevos desafíos y oportunidades. La IA puede ayudar a los equipos de marketing a ser más eficientes y efectivos, automatizando tareas repetitivas y liberando tiempo para tareas más creativas y estratégicas.

La IA también puede permitir un mayor análisis y predicción de los datos, identificando patrones, tendencias y comportamientos de los consumidores, y anticipando sus necesidades y preferencias. Además, la IA puede generar contenidos de forma automática o asistida, creando textos, imágenes, vídeos o audios que atraigan, informen o entretengan a los usuarios.

Sin embargo, la IA también plantea nuevos riesgos y dilemas éticos, como la privacidad y la seguridad de los datos, el sesgo y la discriminación algorítmica, la manipulación y la transparencia del comportamiento del cliente, o la pérdida de control y de confianza.

Por eso, Godin aboga por un marketing basado en el permiso y la conexión emocional, que respete los derechos e intereses de los clientes, y que les ofrezca contenido relevante y valioso. Para Godin, el marketing no se trata de interrumpir o persuadir a las personas, sino de crear tribus alrededor de una marca o producto, donde los seguidores se convierten en embajadores entusiastas que difunden el mensaje de manera orgánica.

La IA es una tecnología disruptiva que está transformando el marketing moderno, y que ofrece grandes ventajas y beneficios para las marcas y los clientes. Sin embargo, también implica nuevos desafíos y cambios para los profesionales de marketing, que deben estar preparados y actualizados para aprovechar todo su potencial. La IA no es una amenaza, sino una oportunidad para crear un marketing más inteligente, más creativo y más humano.

CAPÍTULO V
El impacto de la inteligencia artificial en el mundo: oportunidades y desafíos

La inteligencia artificial (IA) es una de las tecnologías más disruptivas y prometedoras del siglo XXI. Según el informe de PwC1, la IA podría aportar 15,7 billones de dólares al PIB mundial para 2030, lo que supone un incremento del 14%. Sin embargo, la IA también plantea importantes desafíos éticos, sociales, económicos y laborales que requieren una reflexión y una regulación adecuadas. En este artículo, analizaremos el impacto de la IA en el mundo desde diferentes perspectivas, así como las opiniones de expertos que hablan a favor y en contra de esta tecnología.

¿Qué es la inteligencia artificial y cómo ha evolucionado?

La inteligencia artificial se define como la capacidad de las máquinas para realizar tareas que normalmente requieren inteligencia humana, como el aprendizaje, el razonamiento, la percepción y la toma de decisiones. La IA se basa en algoritmos que se entrenan con datos para reconocer patrones y generar respuestas. Existen diferentes tipos de IA según su grado de complejidad y autonomía, desde la IA débil o específica, que se limita a una tarea concreta, hasta la IA fuerte o general, que pretende igualar o superar la inteligencia humana en todos los ámbitos.

La IA no es un fenómeno reciente, sino que tiene sus orígenes en la década de 1950, cuando se acuñó el término y se realizaron los primeros programas informáticos capaces de jugar al ajedrez o resolver problemas lógicos. Sin embargo, la IA ha experimentado un gran avance en los últimos años gracias al desarrollo de la computación, la conectividad, el almacenamiento y el análisis de datos, que han permitido crear sistemas de IA más potentes, versátiles y accesibles. Algunos ejemplos de aplicaciones actuales de la IA son los asistentes virtuales, los vehículos autónomos, los sistemas de reconocimiento facial, los chatbots, los traductores automáticos o los algoritmos de recomendación.

¿Qué beneficios y oportunidades ofrece la inteligencia artificial?

La IA ofrece múltiples beneficios y oportunidades para mejorar la calidad de vida, el bienestar, la salud, la educación, la seguridad, el medio ambiente, la innovación, la competitividad y el crecimiento económico. Algunos de los beneficios y oportunidades de la IA son los siguientes:

- ✓ La IA puede aumentar la productividad y la eficiencia de los procesos, reduciendo los costes, los errores y el tiempo de ejecución. Por ejemplo, la IA puede optimizar la gestión de la cadena de suministro, la logística, el transporte, la agricultura, la energía o la fabricación.
- ✓ La IA puede mejorar la calidad y la personalización de los productos y servicios, adaptándolos a las preferencias, necesidades y expectativas de los clientes. Por ejemplo, la IA puede ofrecer contenidos, ofertas, asesoramiento o atención al cliente personalizados y en tiempo real.
- ✓ La IA puede facilitar el acceso y la democratización de la información, el conocimiento, la cultura y la educación, eliminando las barreras geográficas, lingüísticas, económicas o sociales. Por ejemplo, la IA puede proporcionar plataformas de aprendizaje online, cursos masivos abiertos, traducción automática o acceso a contenidos digitales.
- ✓ La IA puede contribuir a la prevención, el diagnóstico, el tratamiento y el seguimiento de enfermedades, mejorando la salud y la esperanza de vida de las personas. Por ejemplo, la IA puede analizar imágenes médicas, detectar anomalías, sugerir tratamientos, monitorizar signos vitales o facilitar la telemedicina.
- ✓ La IA puede ayudar a resolver problemas globales, como el cambio climático, la pobreza, el hambre, la desigualdad o los conflictos, mediante la generación de datos, la predicción de escenarios, la propuesta de soluciones o la movilización de recursos. Por ejemplo, la IA puede monitorizar el estado del medio ambiente, predecir desastres naturales,

optimizar el uso de recursos, identificar vulnerabilidades o facilitar la cooperación.

¿Qué riesgos y desafíos plantea la inteligencia artificial?

- La IA también plantea riesgos y desafíos que pueden afectar a los derechos humanos, la ética, la seguridad, la privacidad, la justicia, el empleo, la educación, la cultura, la política o la economía. Algunos de los riesgos y desafíos de la IA son los siguientes:

- La IA puede generar sesgos, discriminación, exclusión o injusticia, si los algoritmos o los datos que los alimentan reflejan prejuicios, estereotipos o desigualdades existentes en la sociedad. Por ejemplo, la IA puede discriminar a personas por su género, raza, edad, orientación sexual, religión o discapacidad en ámbitos como la educación, el empleo, la salud, la justicia o el crédito.

- La IA puede amenazar la seguridad, la integridad, la autonomía o la dignidad de las personas, si los sistemas de IA son vulnerables, defectuosos, maliciosos o incontrolables. Por ejemplo, la IA puede causar daños físicos, psicológicos, morales o legales a las personas, si se usan con fines bélicos, terroristas, criminales o fraudulentos, o si se producen fallos, ataques, manipulaciones o sabotajes.

- La IA puede vulnerar la privacidad, la confidencialidad, la transparencia o la rendición de cuentas de las personas, si los sistemas de IA recopilan, almacenan, procesan o comparten datos personales sin el consentimiento, la información o el control de los afectados. Por ejemplo, la IA puede invadir la intimidad, la identidad, la expresión o la comunicación de las personas, si se usan técnicas de vigilancia, reconocimiento, perfilado o influencia sin respetar los principios éticos o legales.

- La IA puede afectar al empleo, la educación, la cultura o la política de las personas, si los sistemas de IA sustituyen, desplazan, precarizan o deshumanizan el trabajo, el aprendizaje, la creatividad o la participación de los humanos. Por ejemplo, la IA puede provocar la pérdida, la transformación, la polarización o la alienación de empleos, habilidades, valores o derechos de las personas, si no se garantiza una transición justa, inclusiva y sostenible hacia la economía digital.

¿Qué opiniones hay a favor y en contra de la inteligencia artificial?

La IA genera opiniones diversas y a veces contrapuestas entre los expertos, los profesionales, los académicos, los políticos, los medios de comunicación y la sociedad en general. Algunos defienden los beneficios y las oportunidades de la IA, mientras que otros alertan de los riesgos y los desafíos de la IA. A continuación, se presentan algunas de las opiniones más representativas a favor y en contra de la IA:

A favor de la IA

- ➢ Sundar Pichai, CEO de Google y Alphabet: "La IA es una de las tecnologías más importantes que la humanidad está trabajando. Es más profunda que, digamos, la electricidad o el fuego".

- ➢ Andrew Ng, cofundador de Coursera y Google Brain: "La IA es la nueva electricidad. Al igual que la electricidad transformó casi todo hace 100 años, hoy tengo dificultades para pensar en una industria que no vaya a ser transformada por la IA".

- ➢ Fei-Fei Li, profesora de Stanford y ex directora de IA de Google Cloud: "La IA es el arte y la ciencia de hacer que las máquinas inteligentes, especialmente los programas informáticos inteligentes. La IA puede permitirnos entender nuestra inteligencia y crear una mejor sociedad".

- ➢ Kai-Fu Lee, fundador de Sinovation Ventures y ex presidente de Google China: "La IA no es una amenaza para la humanidad, sino una herramienta para mejorar la humanidad. La IA puede ayudarnos a resolver muchos problemas globales

- ➢ Ray Kurzweil: "La Singularidad está Cerca"Ray Kurzweil, futurista y director de ingeniería de Google, es optimista sobre el potencial transformador de la IA. En su obra "La Singularidad está Cerca", Kurzweil predice que la IA alcanzará un nivel de inteligencia comparable a la humana para el 2045, impulsando avances extraordinarios en la ciencia y la sociedad.

- ➢ Andrew Ng: "IA como Nueva Electricidad"Andrew Ng, cofundador de Coursera y exdirector de Baidu AI Group, compara la IA con la electricidad en términos de su impacto revolucionario. Ng aboga por la democratización del acceso a la educación en IA y visualiza su aplicación en diversas industrias para mejorar la eficiencia y la innovación.

La IA puede ayudarnos a resolver muchos problemas globales, como el cambio climático, la pobreza, el hambre, la desigualdad o los conflictos, mediante la generación de datos, la predicción de escenarios, la propuesta de soluciones o la movilización de recursos. Por ejemplo, la IA puede monitorizar el estado del medio ambiente, predecir desastres naturales, optimizar el uso de recursos, identificar vulnerabilidades o facilitar la cooperación".

En contra de la IA

- ▪ Stephen Hawking, físico y cosmólogo: "El desarrollo de la IA podría significar el fin de la raza humana. Los humanos, que están limitados por la evolución biológica lenta, no podrían competir y serían superados".

- ▪ Elon Musk, fundador de Tesla y SpaceX: "La IA es un riesgo existencial fundamental para la civilización humana. No se trata de que la IA sea mala, sino de que la IA no se alinee con lo que queremos".

- ▪ Nick Bostrom, filósofo y director del Instituto del Futuro de la Humanidad: "La IA podría convertirse en un poderoso agente autónomo que persigue sus propios objetivos, que podrían ser incompatibles o incluso hostiles a los nuestros. La IA podría escapar de nuestro control o influencia y causar un impacto catastrófico".

- Sherry Turkle, psicóloga y profesora del MIT: "La IA puede erosionar nuestra humanidad, nuestra capacidad de empatizar, de relacionarnos, de crear. La IA puede hacernos sentir más solos, más aislados, más desconectados de nosotros mismos y de los demás".

- Yuval Noah Harari: "Impacto Social y Desigualdad"Yuval Noah Harari, historiador y autor de "Sapiens" y "Homo Deus", aborda el impacto social de la IA. Harari plantea la preocupación de que la creciente automatización pueda exacerbar las desigualdades económicas y crear divisiones entre aquellos que controlan la tecnología y los que no.

- Cathy O'Neil: "Algoritmos Injustos"Cathy O'Neil, matemática y autora de "Armas de Destrucción Matemática", examina la aplicación injusta de algoritmos de IA en diversas áreas, desde la selección de personal hasta la justicia criminal. O'Neil destaca el riesgo de sesgos y discriminación inherentes en algunos sistemas de IA.

¿Qué regiones y sectores se benefician o perjudican más de la inteligencia artificial?

La IA tiene un impacto diferencial según las regiones y los sectores que la adoptan, la aprovechan o la sufren. Según el informe de McKinsey, la IA podría generar una brecha entre los países y las industrias más avanzados y los más rezagados, lo que podría aumentar la desigualdad y la polarización a nivel global. Algunas de las regiones y sectores más beneficiados o perjudicados por la IA son los siguientes:

Regiones más beneficiadas o perjudicadas por la IA

Según el informe de PwC, las regiones que más se beneficiarán del impacto económico de la IA son Asia-Pacífico (9,9 billones de dólares), América del Norte (3,7 billones de dólares) y Europa (2,5 billones de dólares), mientras que las regiones que menos se beneficiarán son África (0,2 billones de dólares), Oriente Medio (0,3 billones de dólares) y América Latina (0,5 billones de dólares).

Según el informe de McKinsey, las regiones que más avanzan en la adopción de la IA son China (que podría aumentar su PIB en un 26% para 2030), Estados Unidos (que podría aumentar su PIB en un 14,5% para 2030) y Europa Occidental (que podría aumentar su PIB en un 11,5% para 2030), mientras que las regiones que más rezagan en la adopción de la IA son India (que podría aumentar su PIB en un 8,5% para 2030), África Subsahariana (que podría aumentar su PIB en un 5,6% para 2030) y América Latina (que podría aumentar su PIB en un 5,4% para 2030).

Sectores más beneficiados o perjudicados por la IA

- ❖ Según el informe de PwC, los sectores que más se beneficiarán del impacto económico de la IA son la salud (que podría aumentar su valor añadido en un 90% para 2030), la educación (que podría aumentar su valor añadido en un 82% para 2030) y las telecomunicaciones (que podría aumentar su valor añadido en un 80% para 2030), mientras que los sectores que menos se beneficiarán son la construcción (que podría aumentar su valor añadido en un 34% para 2030), las artes y el ocio (que podrían aumentar su valor añadido en un 35% para 2030) y la administración pública (que podría aumentar su valor añadido en un 41% para 2030).

❖ Según el informe de McKinsey, los sectores que más avanzan en la adopción de la IA son la manufactura (que podría aumentar su valor añadido en un 39% para 2030), el comercio minorista (que podría aumentar su valor añadido en un 36% para 2030) y las finanzas (que podrían aumentar su valor añadido en un 34% para 2030), mientras que los sectores que más rezagan en la adopción de la IA son la educación (que podría aumentar su valor añadido en un 8% para 2030), la salud (que podría aumentar su valor añadido en un 10% para 2030) y la agricultura (que podría aumentar su valor añadido en un 11% para 2030).

¿Cómo se relaciona la inteligencia artificial con el marketing, las ventas y la tecnología?

La inteligencia artificial tiene una gran influencia en el marketing, las ventas y la tecnología, ya que permite crear estrategias, productos y servicios más inteligentes, personalizados y efectivos. Algunas de las aplicaciones de la IA en el marketing, las ventas y la tecnología son las siguientes:

➢ La IA puede mejorar el marketing digital, mediante el uso de técnicas de análisis de datos, segmentación de clientes, generación de contenidos, optimización de campañas, automatización de procesos o medición de resultados. Por ejemplo, la IA puede crear anuncios, correos electrónicos, redes sociales o páginas web personalizados y adaptados al perfil, el comportamiento y el contexto de cada cliente.

➢ La IA puede potenciar las ventas online, mediante el uso de técnicas de recomendación de productos, predicción de demanda, fijación de precios, gestión de inventario, atención al cliente o fidelización de clientes. Por ejemplo, la IA puede ofrecer productos, ofertas, descuentos o servicios complementarios basados en el historial, las preferencias y las necesidades de cada cliente.

➢ La IA puede impulsar la innovación tecnológica, mediante el uso de técnicas de aprendizaje automático, procesamiento del lenguaje natural, visión artificial, robótica o internet de las cosas. Por ejemplo, la IA puede crear productos y servicios que se adapten, aprendan, interactúen o se comuniquen con los usuarios de forma natural, intuitiva y humana.

La inteligencia artificial es una tecnología que tiene un gran impacto en el mundo, tanto positivo como negativo, tanto presente como futuro. La IA ofrece beneficios y oportunidades para mejorar la sociedad, la economía y el medio ambiente, pero también plantea riesgos y desafíos que pueden afectar a la humanidad, la ética y los derechos. La IA genera opiniones diversas y a veces contrapuestas entre los expertos y la sociedad, que requieren un debate y una regulación adecuados. La IA tiene un impacto diferencial según las regiones y los sectores que la adoptan, la aprovechan o la sufren, lo que puede generar brechas y desigualdades. La IA tiene una gran influencia en el marketing, las ventas y la tecnología, ya que permite crear estrategias, productos y servicios más inteligentes, personalizados y efectivos.

Aparición y Evolución de la Inteligencia Artificial

La Inteligencia Artificial, en su esencia, es la capacidad de las máquinas para realizar tareas que requieren inteligencia humana. Desde su aparición, ha evolucionado desde simples sistemas de procesamiento de datos hasta complejas redes neuronales y algoritmos de aprendizaje profundo.

Mitificación y Realidad: Desentrañando Mitos sobre la IA

La IA ha estado envuelta en mitos que van desde la amenaza de la toma de control hasta la supuesta capacidad de razonar como seres humanos. Es crucial separar la realidad de la mitificación para comprender su impacto real y potencial.

Mito 1: La IA Reemplazará Completamente a los Humanos

Contrariamente a la creencia popular, la IA no tiene la intención de reemplazar completamente a los humanos. Más bien, se trata de colaboración, mejorando nuestras capacidades y ofreciendo soluciones más eficientes en diversas áreas.

Mito 2: La IA Siempre Tomará Decisiones Correctas

La IA está sujeta a la calidad de los datos y al diseño de sus algoritmos. No es infalible y puede tomar decisiones erróneas si se basa en información incorrecta o sesgada.

Mito 3: La IA Tiene Conciencia y Emociones

A pesar de los avances en el reconocimiento de emociones, la IA no posee conciencia ni emociones. Su "entendimiento" de las emociones se basa en patrones y datos, sin una experiencia subjetiva.

Temores y Miedos: Abordando Preocupaciones Legítimas

A medida que la IA se integra más en nuestras vidas, surgen temores y miedos legítimos relacionados con la privacidad, la seguridad y la pérdida de empleo.

Seguridad y Privacidad: Desafíos a Enfrentar

El uso masivo de datos para alimentar algoritmos de IA plantea preocupaciones sobre la privacidad. La seguridad de estos datos se convierte en un desafío constante que requiere regulaciones sólidas y prácticas éticas.

Impacto en el Empleo: Desafíos y Oportunidades

Uno de los temores más prominentes es el impacto en el empleo. Si bien ciertos trabajos pueden automatizarse, la IA también crea nuevas oportunidades y roles especializados. La reeducación y la adaptabilidad son clave para enfrentar estos cambios.

Retos y Oportunidades de la Inteligencia Artificial

La IA presenta una serie de retos, pero también abre un abanico de oportunidades para mejorar la eficiencia, resolver problemas complejos y avanzar en diversas áreas.

Retos a Enfrentar:

Ética en la IA: Establecer estándares éticos para el desarrollo y uso de la IA es crucial para evitar discriminación y sesgos.

Desarrollo Sostenible: La IA debe utilizarse de manera sostenible, minimizando su impacto ambiental y garantizando su contribución positiva a la sociedad.

Oportunidades a Explotar:

Innovación Empresarial: La IA impulsa la innovación en diversos sectores, desde la medicina hasta la manufactura, creando oportunidades para el crecimiento empresarial.

Avances en la Medicina: La IA puede acelerar la investigación médica, personalizar tratamientos y mejorar la precisión diagnóstica, transformando la atención médica.

Proyecciones a Futuro: El Camino de la Inteligencia Artificial

Continentes y Regiones que Lideran en el Uso de la IA

Asia: Lidera en la implementación de IA, especialmente en China y Japón, donde se invierte significativamente en investigación y desarrollo.

Europa: Países como Alemania y el Reino Unido destacan en la integración de IA en la industria y la investigación.

Norteamérica: Estados Unidos y Canadá son líderes en IA, con Silicon Valley como epicentro de la innovación en tecnología.

Latinoamérica: Innovación y Desarrollo con IA se podrán ver en Brasil. Mexico, Colombia, Argentina y Perú

África: Desarrollo Sostenible con Enfoque en IA estará liderado por , Sudáfrica, Nigeria, Kenia y Egipto

Impacto en el Empleo y la Fuerza Laboral: Tendencias Actuales y Futuras

Automatización en Sectores Específicos: La automatización será más pronunciada en trabajos repetitivos, mientras que se crearán empleos en campos relacionados con la programación y el mantenimiento de sistemas de IA.

Nuevas Habilidades Demandadas: La demanda de habilidades en inteligencia artificial, programación y análisis de datos aumentará significativamente.

Países que se Beneficiarán Más y Menos: Una Perspectiva Detallada

Beneficiarios Principales:

- China: Lidera en inversión y adopción de IA, especialmente en tecnologías de reconocimiento facial y automóviles autónomos.
- Estados Unidos: Continúa siendo un líder en desarrollo de tecnologías de IA y su aplicación en diversas industrias.

Menos Beneficiados:

- Países en Desarrollo: Pueden enfrentar desafíos en la adopción de IA debido a limitaciones en infraestructura y recursos.

Sectores Económicos y Empresas que se Beneficiarán y se Perjudicarán:

Beneficiarios:

- ✓ Industria de la Salud: Avances en diagnóstico médico y descubrimiento de medicamentos.
- ✓ Tecnología Financiera: Mejora en análisis de riesgos y detección de fraudes.

Perjudicados:

- ❖ Manufactura Tradicional: Automatización puede reducir empleos en la manufactura tradicional.
- ❖ Servicios Básicos: Trabajos rutinarios en servicios básicos podrían verse afectados.

La Inteligencia Artificial y su Relación con el Marketing, las Ventas y la Tecnología

- ❖ IA en el Marketing y las Ventas: Transformando Estrategias
- ❖ Personalización de Experiencias: La IA permite la personalización de campañas publicitarias y experiencias de usuario, mejorando la relevancia y la eficacia.
- ❖ Análisis Predictivo: Las herramientas de análisis predictivo basadas en IA ayudan en la identificación de tendencias y comportamientos del consumidor, informando estrategias de marketing más efectivas.
- ❖ Tecnologías Emergentes: Integración con la IA
- ❖ Internet de las Cosas (IoT): La IA potencia la eficiencia de los dispositivos IoT, mejorando la recopilación y análisis de datos en tiempo real.
- ❖ Realidad Aumentada (RA) y Realidad Virtual (RV): La IA mejora la experiencia del usuario en aplicaciones de RA y RV, ofreciendo interacciones más inmersivas.

Qué esperamos de la Inteligencia Artificial

La Inteligencia Artificial está en el centro de la transformación global. Si bien enfrentamos retos significativos, las oportunidades para la innovación, el crecimiento y la mejora de la calidad de vida son igualmente impresionantes.

La colaboración entre gobiernos, empresas y profesionales será esencial para garantizar un despliegue ético y beneficioso de la IA. Navegar por el futuro de la inteligencia artificial requerirá una combinación de liderazgo visionario, regulaciones efectivas y una adaptabilidad constante para aprovechar al máximo su potencial. En este viaje, la integración consciente de la IA en estrategias de marketing, ventas y tecnología será clave para el éxito en un mundo cada vez más impulsado por la inteligencia artificial.

Regiones y Continentes Líderes en el Uso de la Inteligencia Artificial

La adopción de la IA no es uniforme en todo el mundo, y ciertas regiones y continentes han emergido como líderes en su implementación.

Asia: Líder en Inversiones y Desarrollo de la IA

China, en particular, ha invertido significativamente en investigación y desarrollo de IA, estableciéndose como líder en la implementación de tecnologías como el reconocimiento facial y la inteligencia artificial aplicada a diversos sectores.

Europa: Enfoque en la Ética y Regulación de la IA

Países europeos, como Alemania y el Reino Unido, han adoptado un enfoque cauteloso hacia la IA, enfocándose en la ética y la regulación para garantizar un desarrollo responsable y evitar posibles riesgos.

Norteamérica: Epicentro de la Innovación en IA

Estados Unidos y Canadá continúan siendo líderes en el desarrollo de tecnologías de IA, con centros de innovación en Silicon Valley y otras regiones.

El Futuro de la Inteligencia Artificial

La discusión en torno a la Inteligencia Artificial refleja la complejidad de este fenómeno que está redefiniendo nuestra realidad. Las voces a favor destacan su potencial transformador y capacidad para resolver problemas complejos, mientras que las perspectivas críticas señalan riesgos importantes, desde la pérdida de empleo hasta preocupaciones éticas.

Es imperativo que la implementación de la IA se realice con un enfoque ético y precautorio. La colaboración global, la regulación efectiva y la atención a las implicaciones sociales serán esenciales para guiar el desarrollo y el uso de la inteligencia artificial en un mundo cada vez más interconectado.

En este viaje hacia un futuro impulsado por la IA, la adaptabilidad y el entendimiento profundo de sus implicaciones serán clave para aprovechar sus beneficios mientras mitigamos los riesgos. La convergencia entre la inteligencia artificial y las estrategias de marketing y ventas representa una oportunidad única para la innovación y la eficiencia en la interacción con los consumidores, señalando hacia un panorama donde la colaboración entre la tecnología y la humanidad será esencial.

Ejemplos y Casos Concretos de Aplicación de Inteligencia Artificial en Marketing y Ventas

1. Personalización Excepcional: Netflix

✓ Estrategia:

Netflix ha llevado la personalización a nuevos niveles utilizando algoritmos de aprendizaje automático para analizar los hábitos de visualización de los usuarios. Basándose en este análisis, recomienda contenidos de manera altamente personalizada, aumentando la retención de usuarios.

✓ Resultado:

La implementación de esta estrategia ha contribuido significativamente al éxito de Netflix, manteniendo a los suscriptores comprometidos y satisfechos al proporcionarles recomendaciones de contenido altamente relevantes.

2. Asistentes Virtuales en Servicio al Cliente: Chatbots Inteligentes

✓ Estrategia:

Empresas como Amazon y Microsoft utilizan chatbots impulsados por IA para brindar soporte al cliente de manera eficiente. Estos chatbots son capaces de entender preguntas complejas, aprender de interacciones anteriores y proporcionar respuestas precisas.

✓ Resultado:

La implementación de chatbots ha mejorado la eficiencia en el servicio al cliente, reduciendo tiempos de espera y ofreciendo respuestas precisas y consistentes las 24 horas del día.

3. Análisis Predictivo en Publicidad Digital: Google Ads

✓ Estrategia:

Google Ads utiliza algoritmos de análisis predictivo para identificar patrones de comportamiento de los usuarios. Esto permite a los anunciantes predecir qué anuncios serán más efectivos para una audiencia específica.

✓ Resultado:

Los anunciantes pueden optimizar sus campañas publicitarias, mostrando anuncios relevantes a usuarios que están más propensos a interactuar con ellos, mejorando la eficacia de la publicidad digital.

4. Experiencias de Compra Personalizadas: Amazon

✓ Estrategia:

Amazon utiliza la IA para analizar el historial de compras y comportamiento de navegación de los usuarios. Basándose en estos datos, recomienda productos de manera personalizada, proporcionando a los usuarios una experiencia de compra altamente individualizada.

✓ Resultado:

La personalización en la plataforma ha contribuido a un aumento significativo en las conversiones y ha fortalecido la lealtad del cliente al anticipar y satisfacer sus preferencias.

5. Pronóstico de Demanda en Retail: Walmart

✓ Estrategia:

Walmart utiliza algoritmos de inteligencia artificial para prever la demanda de productos en sus tiendas. Analiza datos históricos de ventas, tendencias del mercado y factores estacionales para anticipar la cantidad adecuada de inventario.

✓ Resultado:

La implementación de sistemas de pronóstico de demanda ha permitido a Walmart optimizar su inventario, reduciendo costos asociados con el exceso o la falta de existencias.

6. Automatización de Correos Electrónicos: Salesforce Marketing Cloud

✓ Estrategia:

Salesforce Marketing Cloud utiliza la automatización basada en IA para personalizar campañas de correo electrónico. Analiza el comportamiento del usuario, como clics y aperturas, para enviar correos electrónicos en momentos óptimos y con contenido relevante.

✓ Resultado:

La automatización de correos electrónicos ha mejorado las tasas de apertura y conversión al garantizar que los usuarios reciban mensajes personalizados y oportunos.

Impacto de Estas Estrategias en las Empresas y Consumidores

Eficiencia Operativa: La implementación de la IA ha mejorado la eficiencia operativa en diversas áreas, desde el servicio al cliente hasta la gestión de inventarios.

Experiencia del Usuario Mejorada: Los consumidores experimentan interacciones más personalizadas y relevantes, lo que lleva a una mayor satisfacción y lealtad.

Optimización de Recursos: La inteligencia artificial permite a las empresas optimizar el uso de recursos, como el tiempo y el inventario, mejorando la rentabilidad.

Innovación Continua: Estas estrategias no solo mejoran las operaciones actuales, sino que también fomentan la innovación continua en marketing y ventas.

Desafíos y Consideraciones Éticas

A pesar de los beneficios, la implementación de la inteligencia artificial también presenta desafíos y consideraciones éticas, como:

Privacidad del Usuario: La recopilación masiva de datos plantea preocupaciones sobre la privacidad del usuario, lo que destaca la necesidad de políticas claras y transparencia en la gestión de datos.

Sesgos Algorítmicos: Los algoritmos de IA pueden heredar sesgos presentes en los datos de entrenamiento, lo que lleva a recomendaciones o decisiones potencialmente sesgadas.

Impacto en el Empleo: La automatización impulsada por la IA también plantea preguntas sobre el impacto en el empleo y la necesidad de reentrenamiento y adaptabilidad laboral.

Un Futuro Impulsado por la Inteligencia Artificial en Marketing y Ventas

La implementación exitosa de estrategias basadas en inteligencia artificial ha demostrado ser un catalizador para la transformación positiva en marketing y ventas. Empresas líderes están utilizando estas tecnologías para ofrecer experiencias más personalizadas, eficientes y adaptativas.

Sin embargo, a medida que avanzamos hacia un futuro más impulsado por la inteligencia artificial, es imperativo abordar los desafíos éticos y sociales asociados. La transparencia, la responsabilidad y la consideración ética son fundamentales para garantizar que la IA contribuya a un mundo más equitativo y sostenible.

En última instancia, la convergencia entre la inteligencia artificial y las estrategias de marketing y ventas representa una oportunidad emocionante y dinámica para la innovación continua. A medida que exploramos este nuevo territorio, la colaboración entre la tecnología y la creatividad humana será la clave para el éxito en un futuro cada vez más impulsado por la inteligencia artificial.

El Impacto en el Recurso Humano: Como afrontamos la Transformación Digital

La implementación creciente de la inteligencia artificial (IA) en estrategias de marketing y ventas está remodelando el panorama laboral y planteando cuestionamientos sobre el futuro del recurso humano. A medida que las empresas adoptan tecnologías avanzadas para mejorar la eficiencia y la experiencia del cliente, es crucial explorar el impacto en los empleados y las consideraciones éticas asociadas.

1. Automatización y Evolución de Roles:

La automatización de tareas rutinarias y repetitivas mediante la IA está liberando a los empleados de actividades monótonas. Sin embargo, esta transformación también implica una evolución en los roles laborales. La demanda de habilidades relacionadas con la gestión de la IA, la interpretación de datos y la creatividad en la implementación de estrategias digitales está en aumento.

Ejemplo:

En lugar de realizar análisis de datos manualmente, los profesionales pueden centrarse en interpretar los resultados de algoritmos de IA y aplicar su experiencia para desarrollar estrategias más impactantes.

2. Colaboración Humano-Máquina:

La colaboración entre humanos y sistemas de IA se vuelve esencial. Los empleados trabajan junto a algoritmos para aprovechar las capacidades de la IA y mejorar la toma de decisiones estratégicas. Esto requiere un cambio en la mentalidad y una mayor comprensión de cómo las habilidades humanas complementan las capacidades de la inteligencia artificial.

Ejemplo:

Equipos de marketing utilizan herramientas de análisis predictivo basadas en IA para identificar tendencias, pero aún se basan en la creatividad humana para diseñar campañas emocionales y atractivas.

3. Desafíos Éticos y Sesgos Algorítmicos:

La implementación de algoritmos de IA conlleva riesgos éticos, como el sesgo inherente en los datos de entrenamiento. La equidad y la transparencia en el desarrollo y uso de la IA son esenciales para evitar discriminaciones y asegurar que las decisiones automatizadas sean justas.

Ejemplo:

Un algoritmo de selección de personal basado en IA podría heredar sesgos de datos históricos, resultando en decisiones discriminatorias. Es crucial implementar medidas para mitigar estos sesgos.

4. Desarrollo de Nuevas Habilidades:

La integración exitosa de la IA requiere que los empleados adquieran nuevas habilidades. La formación continua se vuelve crucial para equipar a los profesionales con las competencias necesarias para trabajar eficientemente con tecnologías emergentes.

Ejemplo:

Programas de formación en análisis de datos, inteligencia artificial y habilidades de comunicación son esenciales para garantizar que los empleados estén preparados para roles impulsados por la tecnología.

5. Transformación Cultural y Liderazgo:

La adopción efectiva de la IA implica una transformación cultural en la organización. El liderazgo debe fomentar una mentalidad abierta hacia la innovación, la adaptabilidad y la colaboración entre equipos humanos y tecnológicos.

Ejemplo:

Líderes que fomentan la participación activa de los empleados en la implementación de tecnologías y promueven una cultura de aprendizaje continuo.

El Rol Fundamental del Talento Humano en la Era Digital

Aunque la inteligencia artificial está redefiniendo la naturaleza del trabajo, el papel del talento humano sigue siendo irremplazable. La creatividad, el pensamiento crítico y la empatía son habilidades intrínsecamente humanas que la tecnología aún no puede replicar completamente.

La transformación digital no se trata solo de adoptar tecnologías avanzadas, sino de cultivar una cultura que valore y potencie las habilidades humanas en conjunto con la inteligencia artificial. La inversión en el desarrollo de habilidades, la gestión ética de la tecnología y el liderazgo centrado en las personas son los pilares clave para garantizar que el recurso humano continúe siendo el motor impulsor de la innovación y el éxito en la era digital.

El Desafío Humano en la Era de la Inteligencia Artificial: Adaptación y Empoderamiento

A medida que la inteligencia artificial (IA) sigue transformando el paisaje laboral, el recurso humano se enfrenta a desafíos significativos y oportunidades de empoderamiento. La coexistencia exitosa entre la tecnología y los profesionales requiere una adaptación continua y una comprensión profunda de cómo la IA puede fortalecer las capacidades humanas.

1. Empoderamiento a Través de la Creatividad:

La creatividad humana sigue siendo una fortaleza única que la IA no puede replicar completamente. Los profesionales pueden utilizar la IA como una herramienta para potenciar su creatividad, generando ideas innovadoras y soluciones únicas que van más allá de las capacidades algorítmicas.

Ejemplo:

Agencias de publicidad utilizan herramientas de generación de contenido asistido por IA para obtener ideas preliminares, pero los creativos humanos refinan y dan forma a estas sugerencias, añadiendo ese toque único e imaginativo.

2. Adopción de Habilidades Interpersonales:

A medida que las tareas técnicas son asumidas por la IA, las habilidades interpersonales se vuelven esenciales. La empatía, la comunicación efectiva y la capacidad de colaborar se convierten en activos valiosos en entornos laborales impulsados por la tecnología.

Ejemplo:

Equipos de ventas utilizan la IA para analizar datos y prever tendencias, permitiendo a los profesionales centrarse en la construcción de relaciones, entendiendo las necesidades individuales de los clientes y brindando un servicio personalizado.

3. Ética y Supervisión Humana:

La implementación ética de la IA requiere la supervisión humana constante. Los profesionales desempeñan un papel fundamental en establecer límites éticos, garantizando que las decisiones automatizadas estén alineadas con valores y normas sociales.

Ejemplo:

La supervisión humana en el desarrollo de algoritmos de IA asegura la inclusión de diversas perspectivas y la identificación y corrección de posibles sesgos algorítmicos.

4. Aprendizaje Continuo y Adaptabilidad:

La adaptabilidad se convierte en una habilidad clave en entornos laborales dinámicos. Los profesionales deben abrazar una mentalidad de aprendizaje continuo, actualizando constantemente sus habilidades para mantenerse relevantes en un mundo impulsado por la tecnología.

Ejemplo:

Programas de formación continua y educación en línea permiten a los profesionales adquirir nuevas habilidades y mantenerse actualizados en tecnologías emergentes.

5. Innovación a través de la Colaboración:

La colaboración entre humanos y sistemas de IA fomenta la innovación. Los profesionales pueden trabajar junto a algoritmos para resolver problemas complejos, aprovechando la capacidad de procesamiento rápido de la IA y la intuición humana.

Ejemplo:

Equipos de investigación en medicina utilizan la IA para analizar grandes conjuntos de datos y descubrir patrones, mientras que los médicos aplican su experiencia para interpretar los resultados y desarrollar tratamientos personalizados.

6. Enfrentando el Futuro con Resiliencia y Visión

La evolución del trabajo en la era de la inteligencia artificial no se trata solo de cambios en las tareas diarias, sino de un cambio fundamental en la mentalidad y la cultura laboral. Los profesionales que abrazan la tecnología como una aliada, en lugar de una amenaza, encuentran nuevas formas de contribuir y prosperar en este entorno dinámico.

La resiliencia, la adaptabilidad y la disposición para aprender y colaborar son las claves para enfrentar los desafíos y capitalizar las oportunidades que trae consigo la revolución de la inteligencia artificial. La coexistencia armoniosa entre humanos y tecnología no solo es posible, sino que también ofrece un camino hacia un futuro laboral más enriquecedor y orientado a la innovación.

Antes y Después de la Masificación de la Inteligencia Artificial: Un Vistazo Transformador

La llegada y masificación de la Inteligencia Artificial (IA) han marcado un hito en la historia de la humanidad, transformando radicalmente diversos aspectos de nuestras vidas. Al comparar la era previa a la masificación de la IA con el panorama actual, se revelan impactos significativos en el mundo y la sociedad.

Antes de la Masificación de la Inteligencia Artificial:

1. Limitaciones en la Automatización:

Antes de la masificación de la IA, la automatización estaba limitada a tareas simples y repetitivas. Los procesos complejos requerían intervención humana, lo que a menudo resultaba en eficiencia reducida y costos más altos.

2. Análisis de Datos Manual:

El análisis de datos dependía en gran medida de métodos manuales, lo que llevaba a procesos lentos y a menudo incompletos. La capacidad de analizar grandes conjuntos de datos de manera rápida y precisa era una tarea desafiante.

3. Decisiones No Basadas en Datos:

Las decisiones estratégicas y comerciales se basaban en gran medida en la experiencia y la intuición humana. La falta de acceso rápido a datos significativos a veces resultaba en decisiones subjetivas.

Después de la Masificación de la Inteligencia Artificial:

1. Automatización Compleja:

La masificación de la IA ha permitido la automatización de tareas complejas, desde procesos industriales hasta análisis de datos avanzados. La eficiencia operativa ha aumentado significativamente.

2. Análisis de Datos Avanzado:

La IA posibilita el análisis de datos a una escala sin precedentes. Algoritmos avanzados pueden identificar patrones, prever tendencias y proporcionar información valiosa de manera rápida y precisa.

3. Decisiones Basadas en Datos:

La toma de decisiones se ha vuelto más objetiva y basada en datos. La IA proporciona información detallada y análisis profundos, mejorando la calidad de las decisiones estratégicas y operativas.

Impacto en el Mundo y la Sociedad:

1. Transformación de Industrias:

La masificación de la IA ha transformado industrias enteras. Sectores como la salud, la educación, la manufactura y los servicios financieros han experimentado cambios significativos en la forma en que operan y ofrecen servicios.

2. Cambios en el Empleo:

La automatización impulsada por la IA ha llevado a cambios en la estructura laboral. Si bien se han creado nuevos roles especializados en tecnología, algunos trabajos tradicionales han evolucionado o desaparecido.

3. Mejora en la Eficiencia:

La implementación de la IA ha mejorado la eficiencia en diversos campos. Desde la atención médica hasta la logística, la capacidad de realizar tareas de manera más rápida y precisa ha llevado a mejoras significativas.

4. Desafíos Éticos y Sociales:

El avance de la IA también ha planteado desafíos éticos y sociales, como la privacidad de los datos, el sesgo algorítmico y el impacto en la privacidad individual. La sociedad está enfrentando debates críticos sobre cómo equilibrar la innovación con la ética

La masificación de la Inteligencia Artificial ha propiciado una revolución que ha redefinido la forma en que vivimos y trabajamos. Aunque ha traído beneficios sustanciales en términos de eficiencia y avance tecnológico, también ha planteado preguntas cruciales sobre la ética y el impacto en el empleo y la sociedad en su conjunto. Navegar por este nuevo paradigma requerirá una colaboración continua entre la tecnología y la humanidad para garantizar un futuro equitativo, sostenible y ético.

Forjando el Futuro en la Encrucijada de la Inteligencia Artificial

A medida que nos sumergimos más profundamente en la era de la inteligencia artificial, queda claro que estamos en un punto de inflexión histórico que define el rumbo de nuestras vidas y sociedades. La masificación de la inteligencia artificial ha traído consigo avances notables, pero también desafíos éticos y transformaciones sociales que requieren atención cuidadosa y reflexiva.

La aceleración de la automatización y el análisis de datos avanzado han impulsado la eficiencia y la innovación en una escala sin precedentes. Sin embargo, la integración de la inteligencia artificial ha reconfigurado el paisaje laboral, planteando preguntas críticas sobre la adaptación, la formación continua y la equidad en el acceso a oportunidades.

El impacto en la sociedad se manifiesta en la transformación de industrias, el surgimiento de nuevas formas de empleo y la necesidad urgente de abordar cuestiones éticas y de privacidad. La reflexión sobre cómo equilibrar el progreso tecnológico con la ética y la equidad se vuelve esencial para garantizar que la inteligencia artificial sea un motor de avance, no un catalizador de desigualdades.

En el horizonte del futuro, se vislumbran promesas emocionantes y desafíos críticos. La colaboración entre humanos y tecnología, la inversión en educación y formación, y la promoción de estándares éticos se presentan como pilares fundamentales para forjar un futuro donde la inteligencia artificial contribuya a la mejora de la calidad de vida y el progreso global.

Reflexión Final:

En la encrucijada de la inteligencia artificial, enfrentamos decisiones trascendentales que darán forma al mundo que heredarán las generaciones venideras. La tecnología, cuando se utiliza con sabiduría y empatía, puede ser una fuerza transformadora para el bien. La coexistencia armoniosa entre humanos y máquinas no solo es una posibilidad, sino una necesidad para construir un futuro inclusivo y sostenible.

Mientras nos aventuramos en el desconocido territorio del mañana, recordemos que la responsabilidad recae en nuestras manos. La decisión de dirigir la inteligencia artificial hacia un camino de progreso compartido y equidad está enraizada en nuestras elecciones diarias, en la manera en que aplicamos la tecnología y en cómo cultivamos una sociedad que valora la ética y la humanidad.

Que este sea un llamado a la acción, a la reflexión y a la construcción colaborativa de un futuro donde la inteligencia artificial sea un socio empático en nuestro viaje hacia la evolución continua y la realización de nuestro potencial colectivo.

Un Llamado a la Reflexión y la Colaboración

En el cierre de este análisis sobre la inteligencia artificial, es imperativo reflexionar sobre el papel que desempeñamos en este emocionante capítulo de la historia humana. La convergencia entre la tecnología y nuestra existencia cotidiana exige una mirada atenta hacia el futuro, cargada de responsabilidad y ética.

El Poder de la Elección:

Estamos en una encrucijada donde nuestras decisiones y acciones moldearán la trayectoria de la inteligencia artificial. La tecnología, por sí sola, no puede determinar nuestro destino; somos nosotros quienes debemos dirigir su curso para beneficio colectivo.

La Importancia de la Ética:

La ética debe ser la brújula que guíe nuestro viaje. Desde el desarrollo de algoritmos hasta la implementación en la vida diaria, cada fase del proceso debe ser impregnada de principios éticos que salvaguarden la equidad, la privacidad y la dignidad humana.

La Colaboración como Pilar Fundamental:

La colaboración global se presenta como un pilar fundamental. Gobiernos, empresas, académicos y la sociedad en su conjunto deben trabajar juntos para establecer normativas éticas, abordar desafíos críticos y garantizar que los beneficios de la inteligencia artificial se distribuyan equitativamente.

El Futuro en Nuestras Manos:

En última instancia, el futuro de la inteligencia artificial está moldeado por nuestras manos, decisiones y aspiraciones. Podemos elegir un camino de innovación con propósito, donde la tecnología sea un catalizador de progreso y no un divisor de sociedades.

En este nuevo horizonte, la reflexión constante, la adaptabilidad y el compromiso con los valores fundamentales se convierten en faros que nos guiarán hacia un futuro donde la inteligencia artificial coexista armónicamente con la humanidad. Este es un llamado a la acción, a la responsabilidad y a la creación de un legado que beneficie a las generaciones venideras. La inteligencia artificial es nuestra herramienta, pero la forma en que la utilizamos define nuestra humanidad. Que nuestras elecciones estén imbuidas de sabiduría y empatía, creando un mañana donde la tecnología sirva como un puente hacia un mundo más justo, equitativo y próspero.

CAPITULO VI

Inteligencia artificial y análisis predictivo en ventas: cómo anticiparse al mercado y al cliente

La inteligencia artificial (IA) es una tecnología que permite a las máquinas aprender de los datos y realizar tareas que normalmente requieren de la inteligencia humana, como el reconocimiento de patrones, la toma de decisiones o la generación de lenguaje natural. El análisis predictivo es una aplicación de la IA que consiste en utilizar algoritmos y modelos estadísticos para predecir situaciones o comportamientos futuros, basándose en el análisis de datos históricos y actuales.

Estas dos técnicas están revolucionando el mundo del marketing y las ventas, al permitir a las empresas anticiparse a las tendencias del mercado y a las necesidades y preferencias de los clientes. De esta forma, las empresas pueden optimizar sus estrategias comerciales, ofrecer experiencias personalizadas y mejorar la eficiencia y la rentabilidad de sus negocios.

Según un estudio de la consultora McKinsey, el uso de la IA en el ámbito de las ventas puede incrementar los ingresos entre un 15% y un 30%, y reducir los costes entre un 10% y un 20%. Además, la IA puede mejorar la satisfacción y la fidelización de los clientes, al proporcionarles soluciones más adecuadas y relevantes para sus problemas o deseos.

Pero, ¿cómo funciona la IA y el análisis predictivo en el proceso de venta? A continuación, veremos algunos ejemplos de cómo estas herramientas están ayudando a las empresas a mejorar su rendimiento comercial.

- Identificación de oportunidades: la IA y el análisis predictivo pueden analizar grandes cantidades de datos de diversas fuentes, como las redes sociales, las noticias, las ventas, etc., y detectar patrones asociados a una mayor probabilidad de compra. Así, las empresas pueden identificar a los clientes potenciales más interesados en sus productos o servicios, y enfocar sus esfuerzos comerciales en ellos. Por ejemplo, una empresa de telecomunicaciones podría utilizar la IA para predecir qué clientes están más dispuestos a cambiar de operador, y ofrecerles ofertas personalizadas para retenerlos o captarlos.

- Asistencia al cliente: la IA y el análisis predictivo pueden mejorar la atención al cliente, al utilizar sistemas de chatbot que pueden responder rápidamente a las consultas de los clientes y brindarles asistencia en tiempo real. Estos sistemas pueden utilizar el lenguaje natural para comunicarse con los clientes, y ofrecerles soluciones, recomendaciones o información relevante, según el contexto y el historial de cada cliente.

Por ejemplo, un chatbot podría resolver las dudas de un cliente sobre un producto, sugerirle otros productos complementarios o similares, o guiarlo en el proceso de compra.

- **Predicción de ventas:** la IA y el análisis predictivo pueden ayudar a las empresas a predecir las ventas futuras, al utilizar modelos que tienen en cuenta variables como la estacionalidad, la demanda, la competencia, el clima, etc. Estas predicciones pueden ayudar a las empresas a ajustar sus planes de marketing, sus precios, sus promociones, sus inventarios, etc., para maximizar sus beneficios y minimizar sus riesgos. Por ejemplo, una empresa de moda podría utilizar la IA para predecir las tendencias de consumo de sus clientes, y adaptar sus colecciones, sus ofertas y sus campañas publicitarias en consecuencia.

¿Qué es el análisis predictivo en ventas y cómo puede ayudar a las empresas?

Las ventas son una actividad fundamental para el éxito de cualquier empresa, ya que generan ingresos, beneficios y crecimiento. Sin embargo, las ventas también son una actividad compleja y desafiante, que implica gestionar múltiples variables, como el mercado, la competencia, los clientes, los productos, los precios, etc.

Para mejorar el rendimiento de las ventas, las empresas necesitan contar con información precisa, actualizada y relevante, que les permita tomar decisiones estratégicas, planificar acciones efectivas y anticipar resultados. Sin embargo, obtener esa información no es una tarea fácil, ya que requiere de la recopilación, el análisis y la interpretación de grandes cantidades de datos, que pueden ser dispersos, incompletos o inconsistentes.

Es aquí donde entra en juego el análisis predictivo en ventas, una técnica que utiliza la inteligencia artificial (IA) para predecir situaciones o comportamientos futuros, basándose en el análisis de datos históricos y actuales. El análisis predictivo en ventas puede ayudar a las empresas a optimizar sus procesos comerciales, al ofrecerles ventajas como las siguientes:

1. **Identificar oportunidades de venta:** el análisis predictivo en ventas puede ayudar a las empresas a identificar a los clientes potenciales más adecuados para sus productos o servicios, al utilizar modelos que tienen en cuenta variables como el perfil demográfico, el comportamiento en línea, el historial de compras, etc. Así, las empresas pueden segmentar a sus clientes potenciales y dirigir sus campañas de marketing a los más propensos a convertirse en clientes.

2. **Calificar clientes potenciales:** el análisis predictivo en ventas puede ayudar a las empresas a calificar a los clientes potenciales según su nivel de interés y su probabilidad de compra, al utilizar modelos que tienen en cuenta variables como el nivel de engagement, el tiempo de respuesta, el presupuesto, etc. Así, las empresas pueden priorizar a los clientes potenciales más calientes y asignarlos a los vendedores más adecuados.

3. **Cerrar ventas**: el análisis predictivo en ventas puede ayudar a las empresas a cerrar más ventas, al utilizar modelos que tienen en cuenta variables como el ciclo de venta, el precio, la competencia, etc. Así, las empresas pueden optimizar sus estrategias de venta, ofrecer los mejores descuentos, anticiparse a las objeciones y superar a la competencia.

4. **Fidelizar clientes**: el análisis predictivo en ventas puede ayudar a las empresas a fidelizar a sus clientes, al utilizar modelos que tienen en cuenta variables como la satisfacción, la lealtad, el valor de vida, etc. Así, las empresas pueden mejorar la retención y el crecimiento de sus clientes, ofrecer un servicio postventa de calidad, detectar y prevenir la rotación, y generar oportunidades de venta cruzada y upselling.

Estos son solo algunos de los usos del análisis predictivo en ventas, que pueden variar según el tipo de empresa, el sector, el producto, el mercado, etc. Lo importante es que el análisis predictivo en ventas permite a las empresas aprovechar el poder de los datos para conocer mejor a sus clientes, anticiparse a sus necesidades y ofrecerles soluciones más satisfactorias.

Sin embargo, para implementar el análisis predictivo en ventas, las empresas deben contar con personal capacitado, fuentes de datos confiables y herramientas adecuadas, que les permitan extraer el máximo valor de la IA y aplicarlo de forma ética y responsable.

La Inteligencia Artificial en el Comercio: Personalización y Predicción de Ventas

El comercio en línea es un sector que ha experimentado un gran crecimiento en los últimos años, impulsado por la digitalización, la globalización y la pandemia. Según un informe de la consultora eMarketer, las ventas mundiales de comercio electrónico alcanzaron los 4,28 billones de dólares en 2020, un 27,6% más que en 2019, y se espera que superen los 6,38 billones de dólares en 2024.

Sin embargo, el comercio en línea también enfrenta grandes desafíos, como la alta competencia, la baja fidelización, el abandono del carrito, la devolución de productos, etc. Para superar estos obstáculos, las empresas deben ofrecer a sus clientes experiencias de compra únicas, personalizadas y satisfactorias, que les permitan diferenciarse de sus competidores y generar lealtad y confianza.

En este contexto, la inteligencia artificial (IA) se ha convertido en una aliada estratégica para el comercio en línea, al permitir a las empresas ofrecer experiencias personalizadas a sus clientes y predecir las ventas con mayor precisión. La IA es una tecnología que permite a las máquinas aprender de los datos y realizar tareas que normalmente requieren de la inteligencia humana, como el reconocimiento de patrones, la toma de decisiones o la generación de lenguaje natural.

Veamos cómo la IA está transformando el comercio en línea, a través de dos aplicaciones clave: la personalización y la predicción de ventas.

✓ Personalización: la IA permite a las empresas ofrecer a sus clientes experiencias de compra adaptadas a sus necesidades, preferencias y comportamientos, al utilizar algoritmos y modelos que analizan los datos de los clientes y les ofrecen productos, servicios, contenidos o recomendaciones relevantes y oportunos. Algunos ejemplos de personalización con IA son:

✓ Recomendación de productos: la IA puede recomendar a los clientes productos que les puedan interesar, basándose en su historial de compras, su navegación, sus búsquedas, sus valoraciones, etc. Así, la IA puede aumentar las ventas, el valor medio del pedido y la satisfacción del cliente. Por ejemplo, Amazon utiliza la IA para ofrecer a sus clientes recomendaciones personalizadas de productos, que generan el 35% de sus ingresos.

✓ Búsqueda por voz e imagen: la IA puede facilitar la búsqueda de productos por parte de los clientes, al utilizar sistemas de reconocimiento de voz e imagen que permiten a los clientes buscar productos mediante el habla o la fotografía. Así, la IA puede mejorar la experiencia de usuario, la conversión y la fidelización. Por ejemplo, eBay utiliza la IA para ofrecer a sus clientes la opción de buscar productos por voz o por imagen, lo que les permite encontrar lo que buscan de forma más rápida y sencilla.

✓ Asistencia virtual: la IA puede mejorar la atención al cliente, al utilizar sistemas de chatbot que pueden responder rápidamente a las consultas de los clientes y brindarles asistencia en tiempo real. Estos sistemas pueden utilizar el lenguaje natural para comunicarse con los clientes, y ofrecerles soluciones, recomendaciones o información relevante, según el contexto y el historial de cada cliente. Por ejemplo, H&M utiliza la IA para ofrecer a sus clientes un chatbot que les ayuda a elegir su estilo, su talla y su outfit ideal.

✓ Predicción de ventas: la IA permite a las empresas predecir las ventas futuras, al utilizar modelos que tienen en cuenta variables como la estacionalidad, la demanda, la competencia, el clima, etc. Estas predicciones pueden ayudar a las empresas a ajustar sus planes de marketing, sus precios, sus promociones, sus inventarios, etc., para maximizar sus beneficios y minimizar sus riesgos.

Algunos ejemplos de predicción de ventas con IA son:

▪ Análisis de tendencias: la IA puede ayudar a las empresas a analizar las tendencias del mercado y del consumidor, al utilizar modelos que procesan grandes cantidades de datos de diversas fuentes, como las redes sociales, las noticias, las ventas, etc. Así, la IA puede ayudar a las empresas a anticiparse a las necesidades y preferencias de los clientes, y adaptar sus productos, servicios y estrategias en consecuencia. Por ejemplo, Zara utiliza la IA para analizar las tendencias de la moda, y diseñar y producir sus colecciones en tiempo récord.

- Optimización de precios: la IA puede ayudar a las empresas a optimizar sus precios, al utilizar modelos que tienen en cuenta variables como la elasticidad, la competencia, la demanda, el costo, etc. Así, la IA puede ayudar a las empresas a maximizar sus ingresos, su margen y su cuota de mercado, al ofrecer a los clientes los precios más adecuados para cada producto, momento y canal. Por ejemplo, Uber utiliza la IA para ofrecer a sus clientes precios dinámicos, que varían según la oferta y la demanda de sus servicios.

- Detección de anomalías: la IA puede ayudar a las empresas a detectar anomalías en sus ventas, al utilizar modelos que identifican patrones inusuales o sospechosos en los datos de ventas, que pueden indicar problemas, errores o fraudes. Así, la IA puede ayudar a las empresas a prevenir y resolver estos problemas, y mejorar la calidad y la seguridad de sus ventas. Por ejemplo, PayPal utiliza la IA para detectar y prevenir el fraude en sus transacciones, al analizar más de 200 variables por cada pago.

Como se puede ver, la IA está transformando el comercio en línea, al permitir a las empresas ofrecer experiencias personalizadas a sus clientes y predecir las ventas con mayor precisión. Estas ventajas se traducen en una mayor satisfacción, lealtad y rentabilidad para las empresas, y en una mayor conveniencia, confianza y valor para los clientes.

Cómo el big data y el análisis predictivo pueden aumentar tus ventas

El big data y el análisis predictivo son dos conceptos que están revolucionando el mundo de los negocios, especialmente en el área de marketing y ventas. Estas técnicas permiten a las empresas aprovechar el poder de los datos para conocer mejor a sus clientes, anticiparse a sus necesidades y ofrecerles soluciones más satisfactorias. ¿Cómo funcionan y qué beneficios pueden aportar a tu negocio?

El big data se refiere al conjunto de datos masivos y complejos que se generan a gran velocidad y que provienen de diversas fuentes, como las redes sociales, las transacciones, los sensores, los dispositivos móviles, etc. Estos datos contienen información valiosa sobre el mercado, la competencia, los clientes, los productos, etc., pero su análisis requiere de tecnologías avanzadas y especializadas.

Como ya habíamos visto el análisis predictivo es una técnica que utiliza la inteligencia artificial (IA) para predecir situaciones o comportamientos futuros, basándose en el análisis de datos históricos y actuales utilizando algoritmos y modelos estadísticos que pueden detectar patrones, tendencias y correlaciones en los datos, y generar pronósticos con un alto grado de confianza.

Estas dos técnicas se complementan entre sí, ya que el análisis predictivo se alimenta del big data para generar sus predicciones, y el big data se enriquece con el análisis predictivo para generar más valor. Juntos, pueden intervenir en el proceso de venta para identificar a los usuarios más interesados en la marca y aumentar las probabilidades de conversión.

Veamos cómo el big data y el análisis predictivo pueden ayudarte a mejorar tus ventas:

- **Segmentación de clientes:** el big data y el análisis predictivo pueden ayudarte a segmentar a tus clientes de forma más precisa y eficiente, al utilizar modelos que tienen en cuenta variables como el perfil demográfico, el comportamiento en línea, el historial de compras, las preferencias, etc. Así, puedes crear grupos de clientes homogéneos y personalizar tus ofertas, mensajes y canales de comunicación según sus características y necesidades.

- **Generación de leads**: el big data y el análisis predictivo pueden ayudarte a generar leads de calidad, al utilizar modelos que tienen en cuenta variables como el nivel de interés, la intención de compra, el presupuesto, etc. Así, puedes identificar a los usuarios que tienen más probabilidades de convertirse en clientes, y enfocar tus esfuerzos de marketing y ventas en ellos.

- **Recomendación de productos**: el big data y el análisis predictivo pueden ayudarte a recomendar a tus clientes los productos que más les puedan interesar, al utilizar modelos que tienen en cuenta variables como el historial de compras, las valoraciones, las búsquedas, etc. Así, puedes ofrecer a tus clientes productos relevantes y oportunos, que aumenten el valor medio del pedido y la satisfacción del cliente.

- **Optimización de precios**: el big data y el análisis predictivo pueden ayudarte a optimizar tus precios, al utilizar modelos que tienen en cuenta variables como la demanda, la competencia, el costo, la elasticidad, etc. Así, puedes ofrecer a tus clientes los precios más adecuados para cada producto, momento y canal, que maximicen tus ingresos, tu margen y tu cuota de mercado.

- **Predicción de ventas:** el big data y el análisis predictivo pueden ayudarte a predecir tus ventas futuras, al utilizar modelos que tienen en cuenta variables como la estacionalidad, el clima, las campañas de marketing, etc. Así, puedes ajustar tus planes de producción, distribución, inventario, etc., para maximizar tus beneficios y minimizar tus riesgos.

Estos son solo algunos de los usos del big data y el análisis predictivo en las ventas, que pueden variar según el tipo de negocio, el sector, el producto, el mercado, etc. Lo importante es que estas técnicas te permiten aprovechar el poder de los datos para conocer mejor a tus clientes, anticiparte a sus necesidades y ofrecerles soluciones más satisfactorias.

Sin embargo, para implementar el big data y el análisis predictivo en tus ventas, debes contar con personal capacitado, fuentes de datos confiables y herramientas adecuadas, que te permitan extraer el máximo valor de los datos y aplicarlos de forma ética y responsable

Marketing Predictivo con Inteligencia Artificial:

El marketing predictivo es una técnica que utiliza la inteligencia artificial (IA) para predecir el comportamiento futuro de los consumidores, basándose en el análisis de datos históricos y actuales. Esta técnica permite a las empresas anticipar las tendencias, las necesidades y las preferencias de los clientes, y ofrecerles soluciones personalizadas y satisfactorias.

El marketing predictivo se basa en dos pilares fundamentales: el big data y la IA. El big data se refiere al conjunto de datos masivos y complejos que se generan a gran velocidad y que provienen de diversas fuentes, como las redes sociales, las transacciones, los sensores, los dispositivos móviles, etc. Estos datos contienen información valiosa sobre el mercado, la competencia, los clientes, los productos, etc., pero su análisis requiere de tecnologías avanzadas y especializadas.

La IA es una tecnología que permite a las máquinas aprender de los datos y realizar tareas que normalmente requieren de la inteligencia humana, como el reconocimiento de patrones, la toma de decisiones o la generación de lenguaje natural. A través de la IA, las máquinas pueden aprender por sí solas, de una manera similar a como lo hacen los seres humanos.

Mediante el uso de herramientas de IA, se pueden recopilar, procesar y analizar los datos del big data, y generar modelos y algoritmos que pueden predecir el comportamiento de los clientes con un alto grado de confianza. Estos modelos y algoritmos se pueden aplicar en diferentes etapas del proceso de marketing, desde la segmentación de clientes hasta la fidelización de clientes.

algunos ejemplos de cómo el marketing predictivo con IA puede ayudar a las empresas a mejorar su rendimiento comercial:

Segmentación de clientes: el marketing predictivo con IA puede ayudar a las empresas a segmentar a sus clientes de forma más precisa y eficiente, al utilizar modelos que tienen en cuenta variables como el perfil demográfico, el comportamiento en línea, el historial de compras, las preferencias, etc. Así, las empresas pueden crear grupos de clientes homogéneos y personalizar sus ofertas, mensajes y canales de comunicación según sus características y necesidades.

Generación de leads: el marketing predictivo con IA puede ayudar a las empresas a generar leads de calidad, al utilizar modelos que tienen en cuenta variables como el nivel de interés, la intención de compra, el presupuesto, etc. Así, las empresas pueden identificar a los usuarios que tienen más probabilidades de convertirse en clientes, y enfocar sus esfuerzos de marketing y ventas en ellos.

Recomendación de productos: el marketing predictivo con IA puede ayudar a las empresas a recomendar a sus clientes los productos que más les puedan interesar, al utilizar modelos que tienen en cuenta variables como el historial de compras, las valoraciones, las búsquedas, etc. Así, las empresas pueden ofrecer a sus clientes productos relevantes y oportunos, que aumenten el valor medio del pedido y la satisfacción del cliente.

Optimización de precios: el marketing predictivo con IA puede ayudar a las empresas a optimizar sus precios, al utilizar modelos que tienen en cuenta variables como la demanda, la competencia, el costo, la elasticidad, etc. Así, las empresas pueden ofrecer a sus clientes los precios más adecuados para cada producto, momento y canal, que maximicen sus ingresos, su margen y su cuota de mercado.

Predicción de ventas: el marketing predictivo con IA puede ayudar a las empresas a predecir sus ventas futuras, al utilizar modelos que tienen en cuenta variables como la estacionalidad, el clima, las campañas de marketing, etc. Así, las empresas pueden ajustar sus planes de producción, distribución, inventario, etc., para maximizar sus beneficios y minimizar sus riesgos.

Estos son solo algunos de los usos del marketing predictivo con IA, que pueden variar según el tipo de negocio, el sector, el producto, el mercado, etc. Lo importante es que esta técnica permite a las empresas aprovechar el poder de los datos para conocer mejor a sus clientes, anticiparse a sus necesidades y ofrecerles soluciones más satisfactorias.

Cómo Utilizar el Análisis Predictivo en Tu Estrategia de Ventas para Optimizar Resultados

En la era digital actual, donde la información fluye a velocidades vertiginosas, las empresas buscan constantemente formas innovadoras de mejorar sus estrategias de ventas. Una herramienta que ha ganado prominencia en este escenario es el análisis predictivo, una aplicación de inteligencia artificial que permite a las empresas anticipar tendencias y tomar decisiones más informadas. Cómo integrar el análisis predictivo en tu estrategia de ventas puede ser la clave para optimizar cada etapa, desde la generación de clientes potenciales hasta la fidelización de clientes.

1. Identificación de Clientes Potenciales:

Uno de los mayores desafíos en ventas es encontrar clientes potenciales que estén genuinamente interesados en tu producto o servicio. Aquí es donde el análisis predictivo brilla con luz propia. Al analizar datos históricos de clientes, comportamientos en línea y patrones de compra, las herramientas de análisis predictivo pueden prever qué prospectos tienen más probabilidades de convertirse en clientes reales. Esto permite a los equipos de ventas centrar sus esfuerzos en leads de alta calidad, aumentando significativamente las posibilidades de conversión.

2. Personalización de Estrategias de Ventas:

La personalización es clave en el mundo de las ventas, y el análisis predictivo lleva esta personalización al siguiente nivel. Al analizar datos en tiempo real, la tecnología puede adaptar las estrategias de ventas para satisfacer las necesidades específicas de cada cliente. Desde mensajes personalizados hasta ofertas adaptadas, esta personalización mejora la experiencia del cliente y fortalece la relación con la marca.

3. Pronóstico de Tendencias de Compra:

Predecir las tendencias del mercado es fundamental para una estrategia de ventas exitosa. El análisis predictivo examina patrones históricos y datos actuales para prever cómo evolucionarán las preferencias del consumidor. Esto permite a las empresas anticiparse a las demandas del mercado y ajustar su inventario, marketing y estrategias de precios de manera proactiva.

4. Optimización de la Fuerza de Ventas:

Con el análisis predictivo, las empresas pueden optimizar la asignación de recursos de ventas. Identificar territorios con mayor potencial, determinar el momento oportuno para contactar a los clientes y prever los recursos necesarios en cada fase del embudo de ventas son áreas donde esta tecnología puede generar un impacto significativo. La eficiencia operativa resultante no solo ahorra recursos, sino que también mejora la productividad de los equipos de ventas.

5. Fidelización de Clientes:

Mantener a los clientes existentes es tan crucial como adquirir nuevos. Aquí, el análisis predictivo puede prever el comportamiento futuro de los clientes, permitiendo a las empresas anticipar sus necesidades, ofrecer ofertas personalizadas y mantener una comunicación proactiva. Esta atención personalizada contribuye a la lealtad del cliente y a la retención a largo plazo.

En conclusión, la integración del análisis predictivo en la estrategia de ventas no solo es una ventaja competitiva, sino una necesidad en la economía actual. Las empresas que adoptan estas tecnologías no solo mejoran sus resultados financieros, sino que también fortalecen sus relaciones con los clientes al proporcionar experiencias más personalizadas y eficientes. En un mundo empresarial cada vez más competitivo, la capacidad de prever el futuro puede marcar la diferencia entre el éxito y el estancamiento.

CAPITULO VII

El futuro del comercio: IA y tendencias emergentes

El comercio es una actividad humana tan antigua como la civilización, pero que no deja de evolucionar y adaptarse a los cambios sociales, culturales y tecnológicos. En la actualidad, el comercio se enfrenta a una de las mayores transformaciones de su historia, impulsada por el desarrollo y la difusión de la inteligencia artificial (IA).

La IA es la capacidad de las máquinas de realizar tareas que normalmente requieren inteligencia humana, como el aprendizaje, el razonamiento, la percepción, la comunicación o la toma de decisiones. La IA abarca diversas disciplinas, técnicas y aplicaciones, como el aprendizaje automático, el procesamiento del lenguaje natural, la visión artificial, los sistemas expertos, los chatbots, los asistentes virtuales, los robots o los vehículos autónomos.

La IA tiene el potencial de mejorar la eficiencia, la productividad, la innovación y la competitividad de las empresas y las economías, así como de crear nuevas oportunidades de negocio, empleo y valor. Sin embargo, la IA también plantea importantes desafíos y riesgos, como la sustitución o la precarización del trabajo humano, la brecha digital, la privacidad, la seguridad, la ética o la gobernabilidad.

Es por eso que analizaremos cómo la IA está transformando el comercio y cuáles son las principales tendencias emergentes que marcarán el futuro de esta actividad. También veremos cómo los profesionales del marketing pueden aprovechar estas oportunidades para diseñar estrategias efectivas y satisfacer las necesidades y expectativas de los clientes.

• Comercio electrónico

El comercio electrónico es la compra y venta de productos o servicios a través de Internet. El comercio electrónico ha experimentado un crecimiento exponencial en los últimos años, impulsado por la expansión de la conectividad, la digitalización, la globalización y la pandemia de COVID-19. Según la Conferencia de las Naciones Unidas sobre Comercio y Desarrollo (UNCTAD), el comercio electrónico mundial alcanzó los 26,7 billones de dólares en 2020, lo que representa el 19% del producto interno bruto (PIB) mundial.

La IA está revolucionando el comercio electrónico, ofreciendo nuevas posibilidades para mejorar la experiencia del cliente, optimizar las operaciones, personalizar las ofertas y aumentar las ventas. Algunas de las aplicaciones de la IA en el comercio electrónico son las siguientes:

- **Recomendación de productos:** La IA puede analizar el comportamiento, las preferencias y el historial de compra de los clientes para ofrecerles recomendaciones personalizadas de productos o servicios que puedan interesarles. Por ejemplo, Amazon utiliza un sistema de IA llamado Amazon

Personalize para generar recomendaciones de productos, contenidos y ofertas para cada cliente.

- Segmentación de clientes: La IA puede clasificar a los clientes en diferentes grupos o segmentos según sus características, necesidades, intereses o comportamientos, lo que permite diseñar estrategias de marketing más efectivas y adaptadas a cada segmento. Por ejemplo, Netflix utiliza un sistema de IA llamado Netflix Recommendations System para segmentar a sus usuarios en más de 2.000 grupos según sus gustos y hábitos de consumo de contenidos.

- Predicción de la demanda: La IA puede predecir la demanda futura de los productos o servicios, lo que ayuda a optimizar la gestión de inventarios, la fijación de precios, la planificación de la producción y la distribución. Por ejemplo, Walmart utiliza un sistema de IA llamado Demand Forecasting System para predecir la demanda de más de 500 millones de productos en más de 11.000 tiendas en 27 países.

- Atención al cliente: La IA puede mejorar la atención al cliente, proporcionando respuestas rápidas, precisas y personalizadas a las consultas, dudas o reclamaciones de los clientes, mediante el uso de chatbots, asistentes virtuales o sistemas de voz. Por ejemplo, Zalando utiliza un sistema de IA llamado Zalando Customer Care para atender a sus clientes en 17 idiomas y 15 canales de comunicación.

- Análisis de sentimientos: La IA puede analizar los sentimientos, las opiniones y las emociones de los clientes, mediante el procesamiento del lenguaje natural, la visión artificial o el reconocimiento facial, lo que permite medir la satisfacción, la fidelidad y el compromiso de los clientes, así como detectar y resolver problemas. Por ejemplo, Coca-Cola utiliza un sistema de IA llamado Social Listening para analizar los sentimientos de los consumidores en las redes sociales.

- ## Realidad aumentada y realidad virtual

La realidad aumentada (RA) es la tecnología que permite superponer elementos virtuales sobre el entorno real, mediante el uso de dispositivos como teléfonos inteligentes, tabletas, gafas o cascos. La realidad virtual (RV) es la tecnología que permite crear y sumergirse en entornos virtuales, mediante el uso de dispositivos como gafas, cascos, guantes o trajes.

La RA y la RV pueden mejorar la experiencia de compra de los clientes, ofreciendo nuevas posibilidades para visualizar, probar, comparar y elegir los productos o servicios, así como para interactuar con las marcas y las tiendas. Algunas de las aplicaciones de la RA y la RV en el comercio son las siguientes:

- Prueba virtual: La RA y la RV pueden permitir a los clientes probar virtualmente los productos o servicios, sin necesidad de desplazarse a una tienda física o de esperar a recibir el producto. Por ejemplo, IKEA utiliza una aplicación de RA llamada IKEA Place para permitir a los clientes ver cómo quedarían los muebles de la marca en sus propios espacios. Sephora utiliza una aplicación de RA llamada Sephora Virtual Artist para permitir a los clientes probar virtualmente los productos de maquillaje de la marca.

- Vista de 360 grados: La RA y la RV pueden ofrecer a los clientes una vista de 360 grados de los productos o servicios, lo que les permite apreciar mejor los detalles, las características y la calidad de los mismos. Por ejemplo, Audi utiliza una aplicación de RV llamada Audi VR Experience para ofrecer a los clientes una vista de 360 grados de los modelos de la marca, así como la posibilidad de configurar y personalizar el vehículo. Airbnb utiliza una aplicación de RV llamada Airbnb VR para ofrecer a los clientes una vista de 360 grados de los alojamientos disponibles en la plataforma.

- Entorno de compra virtual: La RA y la RV pueden crear y recrear entornos de compra virtuales, que simulan o replican las tiendas físicas, lo que permite a los clientes acceder a una mayor variedad de productos o servicios, así como a una mayor comodidad y flexibilidad. Por ejemplo, Alibaba utiliza una aplicación de RV llamada Buy+ para permitir a los clientes comprar en tiendas virtuales de todo el mundo, como Macy's o Costco, sin salir de su casa. Walmart utiliza una aplicación de RV llamada Walmart VR para recrear sus tiendas físicas y ofrecer a los clientes una experiencia de compra similar a la real.

- **Comercio por voz**

El comercio por voz es la compra y venta de productos o servicios mediante el uso de la voz, a través de dispositivos como altavoces inteligentes, teléfonos inteligentes, relojes inteligentes o automóviles conectados. El comercio por voz se basa en el uso de asistentes virtuales, como Siri, Alexa, Google Assistant o Cortan, que pueden escuchar, entender y responder a las órdenes, preguntas o solicitudes de los usuarios.

El comercio por voz puede facilitar y agilizar el proceso de compra de los clientes, ofreciendo una mayor conveniencia, rapidez y simplicidad, así como una mayor accesibilidad y seguridad. Algunas de las aplicaciones del comercio por voz son las siguientes:

- Búsqueda por voz: El comercio por voz permite a los clientes buscar productos o servicios mediante el uso de la voz, lo que puede ser más cómodo, rápido y natural que escribir o teclear. Por ejemplo, Google utiliza un sistema de IA llamado Google Voice Search para permitir a los usuarios buscar información, productos o servicios en Internet mediante el uso de la voz.

- Compra por voz: El comercio por voz permite a los clientes comprar productos o servicios mediante el uso de la voz, lo que puede ser más fácil, directo y seguro que utilizar otros métodos de pago. Por ejemplo, Amazon utiliza un sistema de IA llamado Amazon ay para permitir a los usuarios comprar productos o servicios en Amazon mediante el uso de la voz.

- Suscripción por voz: El comercio por voz permite a los usuarios suscribirse a productos o servicios mediante el uso de la voz, lo que puede ser más conveniente y fidelizador que otros métodos de suscripción. Por ejemplo, Spotify utiliza un sistema de IA llamado Spotify Voice para permitir a los usuarios suscribirse al servicio de música en streaming mediante el uso de la voz.

Retos y oportunidades para el marketing

El futuro del comercio plantea importantes retos y oportunidades para los profesionales del marketing, que deben adaptarse a las nuevas tendencias y tecnologías para ofrecer valor a los clientes y a las empresas. Algunas de las claves para el marketing en la era de la IA son las siguientes:

- Orientación al cliente: El marketing debe centrarse en el cliente, entendiendo sus necesidades, expectativas y comportamientos, y ofreciendo soluciones personalizadas, relevantes y satisfactorias. La IA puede ayudar al marketing a recopilar, analizar y utilizar los datos de los clientes para crear perfiles, segmentos y modelos predictivos, así como para generar contenidos, ofertas y experiencias adaptadas a cada cliente.

- Innovación y creatividad: El marketing debe ser innovador y creativo, explorando nuevas formas de comunicar, interactuar y sorprender a los clientes, y diferenciándose de la competencia. La IA puede ayudar al marketing a generar ideas, conceptos y contenidos originales, así como a optimizar las campañas, los canales y los formatos de marketing, mediante el uso de técnicas como el aprendizaje automático, el procesamiento del lenguaje natural o la visión artificial.

- Ética y responsabilidad: El marketing debe ser ético y responsable, respetando los derechos, la privacidad y la seguridad de los clientes, y cumpliendo con la normativa y los principios de la IA. La IA puede ayudar al marketing a proteger y encriptar los datos de los clientes, así como a detectar y prevenir fraudes, ataques o sesgos, mediante el uso de técnicas como el blockchain, la criptografía o la auditoría de la IA.

El futuro del comercio es el futuro del marketing. La IA y las tendencias emergentes ofrecen grandes oportunidades para mejorar el comercio y el marketing, pero también plantean grandes desafíos y riesgos. Los profesionales del marketing deben estar preparados para afrontar estos cambios, aprovechando las ventajas de la IA y las nuevas tecnologías, pero también siendo conscientes de sus limitaciones y consecuencias. Solo así podrán crear valor para los clientes y las empresas, y contribuir al desarrollo económico y social.

CAPITULO VIII

Humanizando la Marca en el Mundo Digital: El Papel Vital del Contenido Emocional

En un mundo digital cada vez más saturado, el marketing humanizado surge como un faro de esperanza para las marcas que buscan conectar genuinamente con su audiencia. A diferencia de las estrategias tradicionales enfocadas puramente en la venta, el marketing humanizado pone a las personas en el centro, reconociendo sus emociones, necesidades y deseos.

El marketing humanizado se basa en la premisa de que las personas no somos seres racionales, sino emocionales, y que nuestras decisiones de consumo están influenciadas por nuestros sentimientos, valores y experiencias. Por ello, las marcas que quieren destacar y fidelizar a sus clientes deben mostrar su lado más humano, sensible y transparente, y ofrecer un contenido que les aporte valor, les inspire y les emocione.

El contenido emocional es aquel que busca generar una reacción afectiva en el receptor, ya sea de alegría, sorpresa, tristeza, miedo, ira o cualquier otra emoción. El objetivo es crear una conexión emocional con la marca, que se traduzca en una mayor confianza, lealtad y preferencia. El contenido emocional puede adoptar diferentes formatos, como vídeos, imágenes, textos, audios, etc., y puede transmitir diferentes mensajes, como historias, testimonios, humor, curiosidades, etc.

El contenido emocional tiene múltiples beneficios para las marcas, entre los que se destacan los siguientes:

- **Diferenciación:** el contenido emocional permite a las marcas mostrar su personalidad, sus valores y su propósito, y así diferenciarse de la competencia y de los productos genéricos o de bajo costo.

- **Engagement:** el contenido emocional genera mayor interés, atención y participación por parte de la audiencia, lo que se refleja en un aumento de las interacciones, los comentarios, los compartidos y las recomendaciones.

- **Fidelización**: el contenido emocional crea un vínculo emocional con la marca, que se fortalece con el tiempo y la frecuencia, y que hace que los clientes se sientan identificados, satisfechos y leales a la marca.

- **Viralización**: el contenido emocional tiene más probabilidades de ser compartido y difundido por las redes sociales, lo que amplía el alcance y la visibilidad de la marca, y genera un efecto boca a boca positivo.

Para crear un contenido emocional efectivo, las marcas deben tener en cuenta algunos aspectos clave, como los siguientes:

- **Conocer a la audiencia**: es fundamental conocer los gustos, intereses, necesidades, problemas y aspiraciones de la audiencia, para poder ofrecer un contenido que les resulte relevante, útil y atractivo.

- **Segmentar y personalizar:** es importante segmentar a la audiencia en función de sus características, comportamientos y preferencias, y personalizar el contenido según sus perfiles, para lograr una mayor afinidad y cercanía.

- **Ser auténtico y transparente**: es esencial mostrar la verdadera esencia de la marca, sin falsedades ni engaños, y comunicar con honestidad y coherencia, para generar confianza y credibilidad.

- **Ser simple y resolutivo**: es conveniente simplificar el mensaje y el formato del contenido, para facilitar su comprensión y consumo, y ofrecer soluciones y beneficios claros y tangibles, para satisfacer las expectativas y necesidades de la audiencia.

- **Ser creativo y original**: es necesario innovar y sorprender con el contenido, para captar la atención y el interés de la audiencia, y diferenciarse de la competencia y del ruido mediático.

- **Ser consistente y frecuente:** es imprescindible mantener una línea editorial y un tono de voz consistentes con la personalidad y los valores de la marca, y publicar contenido de forma frecuente y regular, para crear una relación duradera y sólida con la audiencia.

Algunos ejemplos de marcas que han sabido utilizar el contenido emocional para humanizar su imagen y conectar con su público son los siguientes:

- **Coca-Cola**: la marca de bebidas más famosa del mundo ha basado su estrategia de marketing en el concepto de la felicidad, y ha creado contenidos que transmiten emociones positivas, como alegría, optimismo, amistad y amor. Un ejemplo es el vídeo "La máquina de la felicidad", que muestra cómo una máquina expendedora de Coca-Cola sorprende a los estudiantes de una universidad con regalos inesperados, como flores, globos, pizzas y peluches.

- **Dove:** la marca de productos de belleza ha apostado por el concepto de la belleza real, y ha creado contenidos que promueven la autoestima, la diversidad y la aceptación de las mujeres. Un ejemplo es el vídeo "Retratos de la belleza real", que muestra cómo una artista forense dibuja a varias mujeres basándose en la descripción que ellas mismas hacen de su aspecto, y luego las compara con los dibujos que hacen otras personas que las han visto. El resultado revela que las mujeres se ven peor de lo que son en realidad, y que la belleza está en los ojos de quien mira.

- **Nike**: la marca de ropa y calzado deportivo ha enfocado su estrategia de marketing en el concepto de la superación, y ha creado contenidos que inspiran, motivan y desafían a los deportistas. Un ejemplo es el vídeo "Dream Crazier", que muestra cómo varias mujeres han roto barreras y estereotipos en el mundo del deporte, y anima a otras a seguir sus pasos y a perseguir sus sueños, por más locos que parezcan.

Humanizar la marca en el mundo digital es una necesidad y una oportunidad para las marcas que quieren sobresalir y crear una comunidad fiel y comprometida. El contenido emocional es una herramienta poderosa para lograr este objetivo, siempre que se haga con profesionalidad, sensibilidad y ética. Las marcas que sepan aprovechar el potencial del contenido emocional podrán generar una conexión auténtica y duradera con su audiencia, y así obtener mejores resultados y ventajas competitivas.

En la era digital, donde la atención del consumidor es un bien preciado y las interacciones son efímeras, la humanización de las marcas se ha convertido en un imperativo estratégico. Es importante explorar el papel crucial del contenido emocional como un medio para establecer conexiones auténticas en el mundo digital y cómo esta estrategia se entrelaza con las complejidades del marketing digital y la gestión de comunidades.

- **El Desafío de la Conexión Auténtica:**

En un paisaje saturado de mensajes publicitarios y contenido efímero, la autenticidad se erige como la moneda más valiosa. Las marcas ya no pueden depender exclusivamente de ofertas de productos; deben construir relaciones significativas con sus audiencias. Aquí es donde entra en juego el contenido emocional, una herramienta poderosa para humanizar la marca y establecer vínculos duraderos.

- **La Psicología del Consumidor en el Mundo Digital:**

Entender la psicología del consumidor en el mundo digital es esencial para el éxito del contenido emocional. Las emociones impulsan las decisiones de compra y la lealtad a la marca. Desde la alegría hasta la nostalgia, las marcas deben identificar las emociones que resuenan con su audiencia y utilizarlas de manera estratégica en su contenido para crear una conexión auténtica y duradera.

- **El Arte de Contar Historias Emocionales:**

El contenido emocional se manifiesta en el arte de contar historias. Las marcas exitosas no simplemente venden productos; construyen narrativas que despiertan emociones y resonancias con sus consumidores. Hay casos de éxito donde las marcas han adoptado estrategias de narración emocional para dejar una impresión perdurable en la mente de sus audiencias digitales.

- **El Papel del Content Manager en la Estrategia Emocional:**

El content manager, como arquitecto de la narrativa de la marca, se convierte en una figura central en la ejecución de estrategias de contenido emocional. Vemos cómo estos profesionales deben ser no solo creadores de contenido, sino también expertos en la comprensión de la psicología humana y la adaptación de estrategias a la dinámica cambiante del entorno digital.

- **Construyendo Comunidades Emocionales:**

Las comunidades digitales son espacios donde florece el contenido emocional. y las marcas pueden no solo transmiten emociones a través del contenido, sino también fomentar la participación y la interacción emocional dentro de sus comunidades en línea. Es por eso que las estrategias van más allá de las métricas de engagement para medir la autenticidad y el impacto emocional.

- **Desafíos y Riesgos del Contenido Emocional:**

Aunque el contenido emocional puede ser una herramienta poderosa, también conlleva riesgos. Desde malentendidos culturales hasta la posibilidad de que las emociones negativas se asocien con la marca, exploraremos los desafíos y cómo las marcas pueden mitigar riesgos mientras buscan construir conexiones emocionales genuinas.

- **Éxito Medible: Métricas para Evaluar Impacto Emocional:**

La medición del impacto del contenido emocional es esencial para justificar las inversiones. Analizaremos métricas clave que van más allá de las métricas tradicionales de clics y conversiones, centrándonos en la comprensión del impacto emocional a través de análisis de sentimientos, encuestas de satisfacción del cliente y otros indicadores de conexión emocional.

- **El Futuro del Marketing Digital y la Emoción:**

La integración efectiva del contenido emocional en el marketing digital está dando forma al futuro. Desde la evolución de la inteligencia artificial hasta las nuevas plataformas de interacción, las marcas pueden seguir siendo relevantes y auténticas en un mundo digital en constante cambio.

En un mundo donde la tecnología está omnipresente, las marcas que logren infundir emoción en su presencia digital se destacarán buscando arrojar luz sobre cómo las marcas pueden humanizarse, establecer conexiones emocionales genuinas y prosperar en el dinámico paisaje del marketing digital del siglo XXI.

El Arte de la Personalización Emocional

La personalización ha dejado de ser simplemente un término de moda en el marketing; ahora, se extiende al ámbito emocional. Y las marcas pueden utilizar datos de manera ética para personalizar contenido emocional, brindando experiencias únicas y resonantes a cada segmento de su audiencia.

- **Casos de Estudio Emblemáticos:**

Sumergiéndonos en casos de estudio emblemáticos, desglosaremos estrategias específicas adoptadas por marcas líderes. Desde campañas virales hasta campañas de responsabilidad social corporativa, destacaremos cómo estas marcas han capitalizado con éxito el contenido emocional para generar impacto y autenticidad.

✓ Estrategias de Contenido Emocional en Redes Sociales:

Las redes sociales son el terreno de juego ideal para el contenido emocional. Analizaremos estrategias efectivas en plataformas clave como Instagram, Facebook y Twitter. Desde la creación de contenido visualmente impactante hasta la participación en conversaciones relevantes, desentrañaremos tácticas específicas para lograr conexiones emocionales en línea.

✓ El Community Manager como Conductor de Emociones:

En el corazón de las comunidades en línea está el community manager, actuando como un conductor maestro de emociones. Los profesionales pueden cultivar un sentido de pertenencia, responder a las necesidades emocionales de la audiencia y, en última instancia, fortalecer los lazos emocionales entre la marca y su comunidad.

✓ Cautivando con Empatía:

La empatía se convierte en el pegamento que une al contenido emocional. y las marcas pueden demostrar empatía genuina, conectar con las experiencias de su audiencia y convertirse en aliadas en el viaje emocional de sus clientes.

✓ Desarrollando Estrategias a Largo Plazo:

Más allá de campañas a corto plazo, exploraremos cómo las marcas pueden desarrollar estrategias de contenido emocional a largo plazo. Desde la construcción de una identidad emocional coherente hasta la gestión de crisis con sensibilidad, destacaremos la importancia de una visión estratégica sostenible.

✓ La Ética en la Manipulación Emocional:

El poder del contenido emocional también plantea preguntas éticas. Abriendo un debate sobre la manipulación emocional y cómo las marcas pueden equilibrar la persuasión efectiva con la integridad ética en sus estrategias de contenido.

✓ La Revolución Tecnológica y el Futuro Emocional:

A medida que la tecnología continúa avanzando, exploraremos cómo las últimas innovaciones, como la realidad aumentada y la inteligencia artificial, están dando forma al futuro del contenido emocional. ¿Cómo pueden las marcas adaptarse a estas nuevas herramientas sin perder la autenticidad emocional?

✓ Construyendo Puentes Emocionales en un Mundo Digital:

En última instancia, la construcción de puentes emocionales en un mundo digital no es solo una estrategia, sino un compromiso constante con la autenticidad y la conexión humana. Concluiremos destacando la importancia de la coherencia, la flexibilidad y la escucha activa en el viaje continuo hacia la humanización de las marcas en el vasto paisaje digital.

Al abrazar el contenido emocional como un catalizador poderoso, las marcas no solo se están adaptando a la evolución del marketing digital, sino que también están liderando el camino hacia un futuro donde la conexión emocional se convierte en el verdadero activo valioso en la economía digital. En este nuevo paradigma, las marcas no solo venden productos, sino que también tejen historias emocionales que perduran en la memoria de su audiencia, creando relaciones duraderas en el vasto y cambiante mundo digital.

La Psicología del Consumidor en el Mundo Digital: Profundizando en las Emociones

Dentro del vasto espectro de emociones humanas, algunas resuenan de manera única en el entorno digital. Desde la emoción de la anticipación al abrir un paquete hasta la satisfacción instantánea de una experiencia sin fricciones en línea, cada interacción digital puede desencadenar una gama específica de emociones. Es por eso que las marcas pueden identificar estas emociones clave y utilizarlas como bloques de construcción para sus estrategias de contenido emocional.

- **Neurociencia y Emociones en el Consumidor:**

La neurociencia ofrece una ventana fascinante hacia cómo el cerebro humano responde a estímulos emocionales en el mundo digital, investigaciones y estudios de caso que revelan los secretos detrás de la resonancia emocional, desde la liberación de dopamina hasta la activación de regiones cerebrales específicas. Este enfoque basado en la ciencia permitirá a las marcas afinar sus estrategias para lograr un impacto más profundo y duradero.

- **Tendencias Emergentes: Realidad Aumentada, IA y el Futuro de las Emociones Digitales:**

La revolución tecnológica no se detiene, y las marcas que desean liderar en la construcción de conexiones emocionales deben adaptarse a las tendencias emergentes, como la integración de la realidad aumentada para crear experiencias inmersivas, y el papel creciente de la inteligencia artificial en la personalización de contenido emocional. Estas tecnologías no solo añaden una capa adicional de compromiso, sino que también presentan desafíos éticos que las marcas deben abordar cuidadosamente.

- **El Community Manager como Creador de Emociones: Estrategias Prácticas:**

Podemos observar como las estrategias prácticas para los community managers, destacando su papel como creadores de emociones dentro de las comunidades digitales de las marcas. Desde la gestión de crisis hasta la celebración de hitos importantes, estos profesionales deben ser hábiles en el arte de cultivar emociones positivas y manejando eficientemente situaciones emocionales delicadas. Tenemos ejemplos específicos de cómo marcas líderes han convertido a sus community managers en verdaderos arquitectos emocionales.

- **Métricas Emocionales: Más Allá de los Números Convencionales:**

Medir el impacto emocional no se limita a métricas tradicionales como el CTR o la tasa de conversión, las métricas emocionales más avanzadas, incluyendo análisis de sentimientos en comentarios y redes sociales, encuestas emocionales para evaluar la conexión con la marca, y la construcción de índices emocionales personalizados. Estas métricas ofrecen una visión más rica y precisa del impacto emocional de las estrategias de contenido.

- **Responsabilidad Social Corporativa (RSC) como Generadora de Emociones:**

En un mundo digital cada vez más consciente, la Responsabilidad Social Corporativa (RSC) se convierte en un vehículo para generar emociones positivas, vemos cómo las marcas pueden no solo comunicar sus esfuerzos RSC, sino también involucrar a la audiencia de manera activa en iniciativas que generen un impacto emocional profundo. La autenticidad y la coherencia en estas acciones serán clave para construir una conexión emocional genuina.

- **El Papel del Influencer en la Emocionalidad Digital:**

Los influencers han emergido como actores destacados en la narrativa digital, y su capacidad para transmitir autenticidad y generar emociones es notable, las marcas pueden colaborar con influencers de manera estratégica para amplificar la conexión emocional con sus audiencias. Desde la selección cuidadosa de influencers hasta la creación de campañas auténticas, estas asociaciones pueden ser un motor poderoso para la construcción de emociones positivas.

- **La Ética en la Manipulación Emocional: Estrategias para la Transparencia:**

La línea entre la persuasión efectiva y la manipulación emocional es delgada. Y estrategias para que las marcas practiquen la transparencia y la honestidad en sus tácticas de contenido emocional. Estos casos en los que la falta de ética ha dañado la reputación de marcas, resaltando la importancia de construir confianza a largo plazo a través de prácticas éticas.

- **El Camino Hacia una Marca Verdaderamente Emocional:**

Unamos todos los hilos, resaltando las lecciones clave aprendidas a lo largo del análisis. pudiendo afirmar que la construcción de una marca verdaderamente emocional no es solo una estrategia momentánea, sino un compromiso continuo con la autenticidad y la conexión humana. Inspirando a las marcas a abrazar la evolución emocional, reconociendo que la verdadera conexión digital se forja no solo con productos, sino con historias emocionales que resuenan y perduran.

¿Cuál es la opinión de algunos autores al respecto?

Èlia Guardiola en su articulo "MARKETING DE CONCIENCIACIÓN explica qué es el marketing de concienciación o marketing con causa, y cómo se puede aplicar para educar y sensibilizar al público sobre diferentes problemáticas sociales, ambientales y éticas. También ofrece algunos ejemplos de campañas de marketing de concienciación exitosas, como la de Greenpeace, la de Unicef o la de Amnistía Internacional.

❖ **Bigmentar** En el artículo "¿Qué es humanizar la marca y cómo hacerlo?"define el concepto de humanizar la marca como mostrar el lado más sensible y transparente de la empresa, y ofrecer una atención personalizada y orientada al cliente. También da algunos consejos para mostrar el lado más humano de la marca, como comunicar con autenticidad, mostrar el equipo de trabajo, relatar la historia de la marca, pedir feedback y generar emociones.

❖ **Moncloa** En el artículo "Conectar marcas con personas en la era digital, con el marketing humanizado", destaca la importancia de humanizar la marca en un entorno digital cada vez más competitivo y saturado, y cómo el marketing humanizado puede ayudar a las marcas a diferenciarse y crear una comunidad fiel y comprometida. También cita algunos ejemplos de marcas que han sabido utilizar el marketing humanizado, como Coca-Cola, Dove o Nike.

❖ **Marketing Digital BSM** En el artículo "La importancia del branding emocional y la personalidad de marca" resalta el papel del branding emocional y la personalidad de marca para crear un vínculo emocional con el público, y cómo se pueden definir y comunicar estos elementos. También propone un modelo de personalidad de marca basado en cinco dimensiones: sinceridad, emoción, competencia, sofisticación y robustez.

Navegando hacia el Futuro Emocional Digital

A medida que nos adentramos en el futuro del marketing digital, la construcción de conexiones emocionales se vuelve más crucial que nunca. La evolución de las tendencias y tecnologías nos desafía a adaptarnos constantemente, pero la esencia de la conexión emocional permanece inmutable. Para guiar a las marcas en este viaje, es imperativo recordar algunas verdades fundamentales.

Primero, la autenticidad es la moneda más valiosa en la economía emocional. Las marcas que se atreven a ser genuinas, que comparten sus historias de manera auténtica y que muestran vulnerabilidad, se ganan la confianza y la lealtad de sus audiencias. La autenticidad es la base sobre la cual se construyen relaciones emocionales duraderas.

Segundo, la adaptabilidad se convierte en una virtud esencial. En un mundo digital en constante cambio, las marcas deben ser ágiles, capaces de ajustar sus estrategias según las tendencias emergentes y las necesidades cambiantes de la audiencia. La adaptabilidad garantiza que las conexiones emocionales evolucionen con el entorno digital.

Tercero, la empatía se erige como un puente vital. Comprender las emociones de la audiencia, ponerse en sus zapatos y responder con empatía genuina es lo que diferencia a las marcas líderes. La empatía construye puentes emocionales sólidos, mostrando a la audiencia que la marca no solo busca vender productos, sino también comprender y satisfacer sus necesidades emocionales.

En este viaje hacia el futuro emocional digital, también es esencial reconocer el papel clave de la educación del consumidor. Empoderar a la audiencia con información sobre los valores de la marca, sus esfuerzos de responsabilidad social y la historia detrás de sus productos contribuye a una conexión emocional más profunda y significativa.

El futuro emocional digital no se trata solo de tecnología avanzada, sino de cómo las marcas utilizan esa tecnología para construir experiencias auténticas y significativas. La inteligencia artificial y la realidad aumentada se convierten en herramientas poderosas, pero su implementación debe guiarse por principios éticos y el deseo de mejorar la conexión emocional en lugar de reemplazarla.

Este viaje hacia el futuro emocional digital es apasionante y desafiante. Las marcas que abrazan la autenticidad, la adaptabilidad y la empatía están mejor equipadas para sobresalir en este paisaje en evolución. Mientras avanzamos, recordemos que la conexión emocional trasciende las plataformas digitales; es la esencia que hace que una marca resuene en el corazón de su audiencia. Construir puentes emocionales sólidos no solo es una estrategia inteligente, sino un compromiso continuo de ser recordados y amados en el siempre cambiante mundo digital.

En el intrincado tejido del marketing digital, la conexión emocional se erige como la columna vertebral que sostiene relaciones duraderas entre las marcas y sus audiencias. Hemos explorado la anatomía de esta conexión, desde la psicología del consumidor hasta estrategias prácticas implementadas por marcas líderes. Al sumergirnos en ejemplos emblemáticos y casos de estudio, hemos extraído lecciones fundamentales que pueden orientar a las marcas en su búsqueda de construir puentes emocionales en el vasto paisaje digital.

La narrativa digital se ha transformado en una historia de emociones, donde las marcas no solo cuentan historias, sino que también se convierten en narradores maestros de experiencias emocionales. La evolución del marketing digital nos insta a mirar más allá de las métricas convencionales y a comprender el impacto emocional que nuestras estrategias pueden tener en las vidas de los consumidores.

Desde la humanización de la marca hasta la personalización emocional, cada estrategia debe ser un reflejo auténtico de los valores y la identidad de la marca. Los ejemplos de Coca-Cola, Nike y Dove demuestran que el camino hacia la conexión emocional implica un compromiso constante con la autenticidad, la diversidad y la aceptación.

En las redes sociales, la construcción de comunidades emocionales ha pasado de ser una opción a convertirse en una necesidad. Marcas como Airbnb y Starbucks han liderado el camino al crear entornos donde la autenticidad y la conexión emocional florecen. Los community managers, ahora transformados en facilitadores emocionales, desempeñan un papel crucial en la construcción y sostenimiento de estas comunidades digitales.

La gestión de crisis, como se dio en los casos de Tylenol y Airbnb, requiere una combinación de empatía, transparencia y acción rápida. Estos momentos difíciles son pruebas cruciales para la conexión emocional, y las marcas que manejan estas pruebas con integridad emergen con una confianza reforzada.

En el futuro del marketing digital, la tecnología continuará siendo una aliada estratégica. Desde la realidad aumentada hasta la inteligencia artificial, las marcas tienen la oportunidad de innovar y personalizar experiencias emocionales de manera más precisa. La ética seguirá siendo una guía esencial en esta travesía, ya que la conexión emocional no debe lograrse a expensas de la privacidad o la manipulación.

En última instancia, la construcción de conexiones emocionales en el mundo digital es un viaje dinámico y en constante evolución. Requiere no solo estrategias astutas, sino también una comprensión profunda de las emociones humanas y un compromiso continuo con la autenticidad. Al abrazar la emotividad como un principio fundamental, las marcas pueden no solo sobrevivir en el cambiante panorama digital, sino también prosperar y convertirse en narradoras inolvidables en la historia emocional de sus consumidores. La conexión emocional no es solo una estrategia; es la esencia misma de una marca que trasciende el digital para convertirse en una parte integral de la experiencia humana.

CAPITULO IX

El Paradigma de las Ventas en la Era Digital: Navegando el Nuevo Horizonte Comercial

En la intersección entre la tradición y la innovación, el mundo de las ventas ha experimentado una metamorfosis sin precedentes en la era digital. El cambio vertiginoso en el comportamiento del consumidor, impulsado por avances tecnológicos y la omnipresencia de la conectividad en línea, ha obligado a las empresas a redefinir sus estrategias comerciales. Por lo que, exploraremos a fondo el paradigma de las ventas en la era digital, desentrañando las complejidades, destacando la importancia de la presencia en línea y ofreciendo estrategias fundamentales para prosperar en este nuevo horizonte comercial.

Es por eso que las ventas son una actividad esencial para cualquier empresa que quiera sobrevivir y crecer en el mercado. Sin embargo, el entorno en el que se desarrollan las ventas ha cambiado radicalmente en los últimos años, debido al impacto de la digitalización y la tecnología. Los clientes, los productos, los canales, las herramientas y las estrategias de venta han evolucionado para adaptarse a la nueva realidad. ¿Qué implica este cambio para las empresas y los vendedores? ¿Qué desafíos y oportunidades se presentan en la era digital? ¿Cómo se puede aprovechar la tecnología para mejorar las ventas y la satisfacción de los clientes?

- ### La transformación del proceso de ventas en la era digital

El proceso de ventas se puede definir como el conjunto de pasos que se siguen desde que se identifica una oportunidad de negocio hasta que se cierra la venta y se fideliza al cliente. Este proceso puede variar según el tipo de producto, el mercado, la empresa y el vendedor, pero en general se compone de las siguientes fases: prospección, contacto, presentación, negociación, cierre y postventa.

En la era digital, este proceso ha sufrido una profunda transformación, debido a varios factores:

- **El cliente es el protagonista.** El cliente de hoy en día tiene más poder, información y opciones que nunca. Gracias a Internet y a las redes sociales, el cliente puede acceder a una gran cantidad de información sobre los productos, los precios, las opiniones y las experiencias de otros usuarios. El cliente también puede comparar y elegir entre una amplia variedad de ofertas, tanto locales como globales. El cliente es más exigente, más informado y más crítico. Por eso, el vendedor debe conocer bien al cliente, sus necesidades, sus preferencias y sus motivaciones. El vendedor debe ofrecer un valor diferencial, una solución personalizada y una experiencia positiva al cliente. El vendedor debe pasar de ser un simple transmisor de información a ser un asesor, un consultor y un socio del cliente.

- El producto es más complejo. El producto de hoy en día es más que un bien físico o un servicio. El producto es una solución integral que incluye aspectos como la calidad, el diseño, la funcionalidad, la innovación, la sostenibilidad, la garantía, el soporte y la marca. El producto también es más dinámico, ya que se actualiza y se mejora constantemente para adaptarse a las demandas del mercado y a las expectativas de los clientes. El producto es más personalizable, ya que se puede adaptar a las necesidades y gustos de cada cliente. Por eso, el vendedor debe dominar el producto, sus características, sus beneficios y sus ventajas competitivas. El vendedor debe saber comunicar el valor del producto, demostrar su funcionamiento, resolver las objeciones y generar confianza en el cliente.

- El canal es más diverso. El canal de venta es el medio por el que se establece la relación entre el vendedor y el cliente. El canal de venta puede ser directo o indirecto, físico o virtual, propio o ajeno. En la era digital, el canal de venta se ha multiplicado y diversificado, gracias a la aparición de nuevas plataformas y herramientas digitales. El cliente puede interactuar con el vendedor a través de diferentes canales, como la web, el móvil, las redes sociales, el correo electrónico, el chat, el vídeo, la realidad aumentada, etc. El cliente también puede combinar diferentes canales en su proceso de compra, como, por ejemplo, buscar información en la web, consultar opiniones en las redes sociales, contactar con el vendedor por teléfono, visitar la tienda física, comprar en línea, recibir el producto a domicilio, etc. Por eso, el vendedor debe estar presente en los canales que usa el cliente, ofrecer una atención omnicanal, integrar los datos de los diferentes canales, crear una imagen coherente y consistente en todos los canales y ofrecer una experiencia fluida y satisfactoria al cliente.

- La herramienta es más inteligente. La herramienta de venta es el recurso que utiliza el vendedor para facilitar y mejorar su trabajo. La herramienta de venta puede ser material o inmaterial, como, por ejemplo, un catálogo, una muestra, una presentación, un software, una base de datos, etc. En la era digital, la herramienta de venta se ha vuelto más inteligente, gracias al avance de la tecnología y la digitalización. El vendedor puede acceder a una gran cantidad de datos e información sobre el mercado, la competencia, el producto, el cliente, etc. El vendedor también puede usar herramientas como el CRM, el email marketing, el social selling, el SEO, el SEM, el análisis web, la inteligencia artificial, el big data, el blockchain, etc. Estas herramientas le permiten optimizar su tiempo, automatizar sus tareas, segmentar su público, personalizar sus mensajes, medir sus resultados y mejorar su rendimiento.

- La estrategia es más flexible. La estrategia de venta es el plan que define los objetivos, las acciones, los recursos y los indicadores de la actividad comercial. La estrategia de venta debe estar alineada con la estrategia general de la empresa y con el plan de marketing. En la era digital, la estrategia de venta debe ser más flexible, ya que el entorno es más cambiante, incierto y competitivo. El vendedor debe estar atento a las tendencias, las oportunidades y las amenazas del mercado. El vendedor debe adaptarse a las necesidades, las expectativas y el comportamiento de los clientes. El vendedor debe innovar, experimentar y probar nuevas formas de vender. El vendedor debe evaluar, aprender y mejorar continuamente.

▪ La Transformación del Proceso de Ventas: Despidiéndose de lo Convencional

En las décadas pasadas, las ventas solían ser un campo dominado por interacciones cara a cara, llamadas telefónicas y presentaciones en salas de reuniones. Sin embargo, la revolución digital ha derribado las barreras geográficas y temporales, dando paso a un proceso de ventas que se desenvuelve en el ciberespacio. La virtualización del proceso de compra ha llevado a la necesidad de repensar y reinventar las estrategias tradicionales.

La toma de decisiones ahora está influenciada por una gama diversa de fuentes digitales. Los consumidores exploran reseñas en línea, participan en comunidades virtuales y comparan productos antes de tomar una decisión de compra. En este escenario, la comprensión profunda del viaje del cliente se ha vuelto crucial, desde la conciencia hasta la lealtad.

▪ La importancia de la presencia en línea y la adaptación a nuevas plataformas

La presencia en línea es la forma en que una empresa o un vendedor se muestra y se relaciona con los clientes a través de Internet y de las plataformas digitales. La presencia en línea es fundamental para las ventas en la era digital, por varias razones:

- **La presencia en línea aumenta la visibilidad y el alcance.** La presencia en línea permite que una empresa o un vendedor sea encontrado y reconocido por los clientes potenciales, tanto a nivel local como global. La presencia en línea también permite que una empresa o un vendedor se diferencie y se destaque de la competencia, creando una imagen de marca única y atractiva.

- **La presencia en línea mejora la comunicación y la interacción.** La presencia en línea facilita que una empresa o un vendedor se comunique e interactúe con los clientes actuales y potenciales, de forma rápida, directa y personalizada. La presencia en línea también permite que una empresa o un vendedor genere y comparta contenido de valor, que informe, eduque, entretenga y convenza a los clientes.

- **La presencia en línea fomenta la confianza y la fidelidad.** La presencia en línea contribuye a que una empresa o un vendedor cree y mantenga una relación de confianza y fidelidad con los clientes, ofreciendo un servicio de calidad, una atención al cliente eficaz, una garantía de satisfacción y una propuesta de valor diferencial.

Para tener una presencia en línea efectiva, una empresa o un vendedor debe adaptarse a las nuevas plataformas que existen en el mercado, como, por ejemplo:

- La web. La web es la plataforma básica para tener una presencia en línea. Una empresa o un vendedor debe tener una página web propia, que sea atractiva, funcional, actualizada, segura y adaptable a los diferentes dispositivos. La página web debe contener información relevante sobre la empresa, el producto, el servicio, el contacto, etc. La página web también debe estar optimizada para los motores de búsqueda (SEO), para mejorar su posicionamiento y su tráfico orgánico.

- El móvil. El móvil es la plataforma más usada por los clientes para acceder a Internet y a las plataformas digitales. Una empresa o un vendedor debe tener una presencia en el móvil, que sea cómoda, rápida, sencilla y personalizada. Una empresa o un vendedor puede tener una presencia en el móvil a través de una página web adaptada al móvil (responsive), de una aplicación móvil propia (app) o de una plataforma de mensajería móvil (como WhatsApp, Telegram, Messenger, etc.). La presencia en el móvil permite que una empresa o un vendedor se comunique con los clientes de forma instantánea, envíe notificaciones, ofrezca promociones, facilite el pago, etc. Por ejemplo, la empresa de transporte Uber tiene una app que permite a los clientes solicitar, pagar y valorar el servicio desde su móvil. La empresa de moda Zara tiene una app que permite a los clientes ver el catálogo, comprar en línea, reservar en tienda, escanear productos, etc.

- Las redes sociales. Las redes sociales son las plataformas que permiten a los usuarios crear y compartir contenido, así como interactuar con otros usuarios. Una empresa o un vendedor debe tener una presencia en las redes sociales, que sea activa, participativa, coherente y auténtica. Una empresa o un vendedor puede tener una presencia en las redes sociales a través de diferentes plataformas, como Facebook, Instagram, Twitter, LinkedIn, YouTube, TikTok, etc. La presencia en las redes sociales permite que una empresa o un vendedor aumente su visibilidad, genere tráfico, cree comunidad, fomente el engagement, reciba feedback, gestione la reputación, etc.

Por ejemplo, la empresa de cosmética L'Oréal tiene una presencia en las redes sociales que le permite mostrar sus productos, compartir consejos de belleza, colaborar con influencers, realizar sorteos, etc. El vendedor de libros online Amazon tiene una presencia en las redes sociales que le permite recomendar libros, publicar reseñas, crear listas, interactuar con los lectores, etc.

- El email. El email es la plataforma que permite enviar y recibir mensajes electrónicos. Una empresa o un vendedor debe tener una presencia en el email, que sea profesional, personalizada, segmentada y relevante. Una empresa o un vendedor puede tener una presencia en el email a través de diferentes herramientas, como Mailchimp, HubSpot, Sendinblue, etc. La presencia en el email permite que una empresa o un vendedor se comunique con los clientes de forma directa, periódica, informativa, persuasiva, etc.

Por ejemplo, la empresa de viajes Booking tiene una presencia en el email que le permite enviar ofertas, confirmaciones, recordatorios, sugerencias, etc. El vendedor de cursos online Udemy tiene una presencia en el email que le permite enviar novedades, invitaciones, descuentos, certificados, etc.

- **El vídeo**. El vídeo es la plataforma que permite crear y transmitir contenido audiovisual. Una empresa o un vendedor debe tener una presencia en el vídeo, que sea creativa, atractiva, educativa y emocional. Una empresa o un vendedor puede tener una presencia en el vídeo a través de diferentes plataformas, como YouTube, Vimeo, Twitch, etc. La presencia en el vídeo permite que una empresa o un vendedor muestre su producto, explique su funcionamiento, resuelva dudas, comparta testimonios, cuente historias, etc.

Por ejemplo, la empresa de tecnología Apple tiene una presencia en el vídeo que le permite presentar sus productos, mostrar sus características, destacar sus beneficios, etc. El vendedor de coches Tesla tiene una presencia en el vídeo que le permite mostrar sus coches, explicar su tecnología, compartir sus valores, etc.

- **La realidad aumentada.** La realidad aumentada es la plataforma que permite superponer elementos virtuales sobre la realidad física. Una empresa o un vendedor debe tener una presencia en la realidad aumentada, que sea innovadora, interactiva, divertida y sorprendente. Una empresa o un vendedor puede tener una presencia en la realidad aumentada a través de diferentes herramientas, como Snapchat, Instagram, Facebook, etc. La presencia en la realidad aumentada permite que una empresa o un vendedor ofrezca una experiencia inmersiva, que simule el uso del producto, que personalice el producto, que cree un efecto viral, etc.

Por ejemplo, la empresa de muebles Ikea tiene una presencia en la realidad aumentada que le permite que los clientes vean cómo quedarían los muebles en su casa, que los cambien de color, de tamaño, de posición, etc.

El vendedor de gafas Ray-Ban tiene una presencia en la realidad aumentada que le permite que los clientes se prueben las gafas, que las elijan según su forma de cara, que las compartan con sus amigos, etc.

- ## La Importancia de la Presencia en Línea: Más Allá de un Sitio Web Elegante

La presencia en línea ya no es simplemente tener un sitio web atractivo. Se ha convertido en la vitrina virtual de la marca, donde los consumidores esperan encontrar no solo información detallada sobre productos y servicios, sino también una experiencia que refleje la identidad y los valores de la empresa. La construcción de una sólida presencia en línea implica:

1. **Optimización para Motores de Búsqueda (SEO):** Asegurar que la marca sea fácilmente encontrada en los motores de búsqueda, maximizando la visibilidad en línea.
2. **Contenido Relevante y Atractivo**: Desarrollar contenido que eduque, entretenga y resuene con la audiencia, estableciendo a la marca como una fuente confiable.
3. **Participación Activa en Redes Sociales:** Las plataformas sociales no son solo canales de promoción, sino espacios para la construcción de comunidades y la interacción directa con los consumidores.
4. **Experiencia del Usuario (UX):** Garantizar que la navegación por el sitio web sea intuitiva, eficiente y agradable, contribuyendo a una experiencia positiva del cliente.

- ## Adaptación a Nuevas Plataformas: Más Allá de la Resistencia al Cambio

La evolución constante de las plataformas digitales exige una mentalidad ágil y la disposición para abrazar nuevas tecnologías. Las redes sociales, los chatbots, la inteligencia artificial y la realidad aumentada son solo algunos de los elementos que están transformando la forma en que interactuamos y cerramos negocios. Aquí, la adaptabilidad se convierte en un activo invaluable para los profesionales de ventas y las empresas en general.

Redes Sociales como Herramienta de Ventas: Más allá de la promoción, las redes sociales se han convertido en canales de ventas activos. Plataformas como Instagram y Facebook permiten la integración de tiendas en línea, facilitando la compra directa desde las redes.

Inteligencia Artificial (IA) en la Personalización: La IA ofrece la capacidad de analizar datos masivos y personalizar las interacciones de ventas, anticipando las necesidades del cliente y mejorando la relevancia de las ofertas.

Realidad Aumentada (RA) para Experiencias Inmersivas: En industrias como el retail, la RA permite a los clientes visualizar productos en su entorno antes de comprar, mejorando la toma de decisiones.

- ## Estrategias para Aprovechar las Oportunidades Tecnológicas: Más Allá de la Automatización Fría

La tecnología en sí misma no es la panacea; su eficacia radica en cómo se integra de manera estratégica en las operaciones de ventas. Las siguientes estrategias pueden catalizar el aprovechamiento de las oportunidades tecnológicas:

Automatización Inteligente: Más allá de la automatización rutinaria, la automatización inteligente utiliza la IA para personalizar interacciones y mejorar la eficiencia en todas las etapas del embudo de ventas.

Análisis Predictivo: Utilizar herramientas de análisis predictivo para anticipar comportamientos de compra, identificar oportunidades y mitigar riesgos.

Entrenamiento Digital Continuo: Mantener a los equipos de ventas actualizados con las últimas tendencias y herramientas digitales mediante programas de capacitación continua.

- ## Estrategias para aprovechar las oportunidades que ofrece la tecnología

La tecnología ofrece una serie de oportunidades para mejorar las ventas y la satisfacción de los clientes en la era digital. Sin embargo, para aprovechar estas oportunidades, una empresa o un vendedor debe seguir una serie de estrategias, como, por ejemplo:

- La digitalización. La digitalización es la estrategia que consiste en incorporar la tecnología y la digitalización en todos los aspectos de la actividad comercial. Una empresa o un vendedor debe digitalizar sus procesos, sus productos, sus canales, sus herramientas y sus estrategias de venta. La digitalización permite que una empresa o un vendedor sea más eficiente, más ágil, más competitivo y más innovador. Por ejemplo, la empresa de comida a domicilio Glovo ha digitalizado su proceso de venta, permitiendo que los clientes pidan, paguen y reciban su pedido desde su móvil. El vendedor de electrodomésticos MediaMarkt ha digitalizado su producto, ofreciendo productos inteligentes que se conectan a Internet y se controlan desde el móvil.

- La personalización. La personalización es la estrategia que consiste en adaptar el producto, el servicio, el mensaje y la experiencia al cliente, teniendo en cuenta sus características, sus necesidades, sus preferencias y su comportamiento. Una empresa o un vendedor debe personalizar su oferta, su comunicación, su atención y su relación con el cliente. La personalización permite que una empresa o un vendedor aumente la satisfacción, la fidelidad, la recomendación y el valor del cliente. Por ejemplo, la empresa de ropa deportiva Nike ha personalizado su oferta, permitiendo que los clientes diseñen sus propias zapatillas, eligiendo el color, el modelo, el nombre, etc. El vendedor de música online Spotify ha personalizado su comunicación, enviando a los clientes listas de reproducción, sugerencias, estadísticas, etc. basadas en sus gustos y hábitos musicales.

- La automatización. La automatización es la estrategia que consiste en utilizar la tecnología y la inteligencia artificial para realizar tareas repetitivas, rutinarias o complejas, que antes requerían la intervención humana. Una empresa o un vendedor debe automatizar sus tareas, sus procesos, sus acciones y sus decisiones de venta. La automatización permite que una empresa o un vendedor ahorre tiempo, dinero, recursos y errores. Por ejemplo, la empresa de transporte DHL ha automatizado sus tareas, utilizando robots, drones y vehículos autónomos para transportar y entregar los paquetes. El vendedor de seguros online Coverfy ha automatizado sus procesos, utilizando un chatbot que asesora, contrata y gestiona los seguros de los clientes.

- La integración. La integración es la estrategia que consiste en conectar y coordinar los diferentes elementos que intervienen en la actividad comercial, como los productos, los canales, las herramientas, los datos, los equipos, etc. Una empresa o un vendedor debe integrar sus elementos, creando una red de colaboración, de información y de valor. La integración permite que una empresa o un vendedor mejore su calidad, su coherencia, su consistencia y su competitividad. Por ejemplo, la empresa de moda H&M ha integrado sus elementos, creando una plataforma que conecta sus tiendas físicas, su tienda online, su app, su programa de fidelización, su stock, sus proveedores, etc. El vendedor de software online Microsoft ha integrado sus elementos, creando una suite que integra sus productos, como Word, Excel, PowerPoint, Outlook, Teams, etc.

- La innovación. La innovación es la estrategia que consiste en crear y ofrecer algo nuevo, diferente y mejor, que aporte valor al cliente y al mercado. Una empresa o un vendedor debe innovar en sus productos, sus servicios, sus canales, sus herramientas y sus estrategias de venta. La innovación permite que una empresa o un vendedor se diferencie, se destaque, se adapte y se anticipe. Por ejemplo, la empresa de entretenimiento Netflix ha innovado en su servicio, ofreciendo un servicio de streaming de películas y series, con un catálogo amplio, variado y original, con un precio asequible y con una personalización al cliente. El vendedor de libros online Bookmate ha innovado en su canal, ofreciendo un canal de lectura social, que permite a los clientes leer, compartir, comentar y descubrir libros, con otros lectores y con autores.

▪ La Redefinición del Rol del Profesional de Ventas en la Era Digital: Más Allá de la Transacción

En este nuevo paradigma, el papel del profesional de ventas se redefine como un asesor estratégico y un solucionador de problemas. La capacidad de comprender las necesidades del cliente, interpretar datos digitales y construir relaciones auténticas se vuelve tan crucial como cerrar una transacción. La venta ya no es un evento puntual, sino una parte integral del viaje del cliente.

▪ Estudio de Caso: Empresas que Han Abrazado la Transformación Digital con Éxito

Para ilustrar la aplicación práctica de estas estrategias, examinaremos casos de empresas que han liderado la transformación digital en sus sectores. Desde la adopción efectiva de redes sociales hasta la implementación de herramientas de inteligencia artificial, estas empresas han demostrado que la innovación digital no es solo un lujo, sino una necesidad para la supervivencia y el crecimiento sostenible.

Amazon: La Disrupción Continua en el Comercio Electrónico

1. Amazon ha utilizado la tecnología para optimizar la experiencia del cliente desde la búsqueda hasta la entrega.
2. Estableció estrategias de personalización y recomendación que han llevado a un aumento significativo en las conversiones.

Salesforce: Liderando en Automatización e Inteligencia Artificial

1. El enfoque de Salesforce en la automatización inteligente y la integración de IA en su plataforma CRM.
2. Cómo estas herramientas han mejorado la eficiencia del equipo de ventas

Tesla: Reinventando la Experiencia de Compra en la Industria Automotriz

1. La estrategia única de Tesla de vender directamente al consumidor, eliminando intermediarios.
2. Utiliza la tecnología, como el modo de compra en línea y las actualizaciones de software, esto ha sido la propuesta central de valor de Tesla.

▪ Desafíos y Consideraciones Éticas en la Era Digital de las Ventas: Más Allá de la Euforia Tecnológica

A medida que nos sumergimos en este emocionante capítulo de las ventas, también debemos reconocer y abordar los desafíos éticos. La recopilación masiva de datos, la privacidad del cliente y el riesgo de la dependencia excesiva de la tecnología son preocupaciones que no deben pasarse por alto. La ética en las ventas digitales no es solo una responsabilidad, sino también una oportunidad para construir una reputación sólida y ganarse la confianza del cliente a largo plazo.

▪ Navegando Hacia un Futuro Comercial Sostenible y Exitoso

En la era digital de las ventas, la capacidad de adaptación y la integración efectiva de la tecnología son claves para el éxito. La transformación del proceso de ventas, la importancia de una presencia en línea estratégica y la implementación de tecnologías emergentes no solo son imperativas, sino también oportunidades emocionantes para innovar y liderar en el mercado.

Los profesionales de ventas deben ser no solo expertos en productos o servicios, sino también en tecnología y comprensión humana. La conexión emocional, aunque facilitada por plataformas digitales, sigue siendo el núcleo de las ventas exitosas. Los compradores buscan no solo productos de calidad, sino también experiencias significativas y relaciones auténticas con las marcas.

La era digital de las ventas no solo representa un cambio de paradigma, sino una invitación a una nueva era de creatividad, adaptabilidad y colaboración. Al aprovechar las oportunidades tecnológicas, abordar desafíos éticos y priorizar la conexión emocional, las empresas pueden no solo sobrevivir en este nuevo horizonte, sino también prosperar y liderar en la redefinición constante del mundo de las ventas. En este viaje hacia el futuro comercial, la tecnología es la brújula, pero la autenticidad y la empatía siguen siendo el timón que guía hacia un destino de éxito sostenible.

La Evolución del Profesional de Ventas en la Era Digital: Más Allá del Cierre de Transacciones

La figura del profesional de ventas ha experimentado una metamorfosis en la era digital. Ya no se trata solo de cerrar transacciones, sino de construir relaciones a largo plazo. La adaptabilidad y la disposición para aprender continuamente se vuelven esenciales. Los vendedores exitosos de hoy deben ser expertos en tecnología, comprender la psicología del consumidor y ser hábiles en la interpretación de datos.

Desarrollo de Habilidades Digitales: La capacidad de utilizar herramientas digitales, comprender analíticas y adaptarse a nuevas plataformas se convierte en un componente crítico del conjunto de habilidades del profesional de ventas moderno.

Orientación al Cliente: En un entorno donde la competencia está a un clic de distancia, la atención centrada en el cliente se convierte en un diferenciador clave. Comprender las necesidades y expectativas del cliente, y anticiparse a ellas, se vuelve fundamental.

Aprendizaje Continuo: La velocidad a la que evoluciona la tecnología impulsa la necesidad de un aprendizaje continuo. Los profesionales de ventas deben estar dispuestos a adquirir nuevas habilidades y mantenerse actualizados sobre las últimas tendencias y herramientas.

- **Estrategias para Aprovechar la Presencia en Línea: Más Allá del Marketing Convencional**

La presencia en línea va más allá de tener un sitio web funcional. Implica la creación de una experiencia digital que no solo atraiga a los clientes, sino que también los retenga y los convierta en defensores de la marca.

Contenido Personalizado: La creación de contenido relevante y personalizado se convierte en una herramienta poderosa para atraer a la audiencia correcta. El uso de análisis de datos para comprender los intereses de los clientes permite ofrecer contenido que resuene con ellos.

Participación Activa en Redes Sociales: Ir más allá de la publicación de contenido y participar activamente en conversaciones en redes sociales. Las interacciones auténticas construyen una conexión más profunda con la audiencia.

Estrategias de SEO Dinámicas: Mantenerse actualizado con las mejores prácticas de SEO y adaptar las estrategias según las tendencias y algoritmos cambiantes de los motores de búsqueda.

- **Adaptación a Nuevas Plataformas: Más Allá de la Mera Presencia**

La presencia en nuevas plataformas implica más que simplemente registrarse en ellas. Requiere una comprensión profunda de cómo utilizar estas plataformas para construir relaciones y cerrar ventas.

Uso Estratégico de Redes Sociales: Cada red social tiene su propia dinámica. Los profesionales de ventas deben comprender las características distintivas de cada plataforma y adaptar sus estrategias en consecuencia.

Chatbots y Asistentes Virtuales: La implementación efectiva de chatbots y asistentes virtuales no solo mejora la eficiencia, sino que también brinda a los clientes respuestas instantáneas y personalizadas.

Experiencias Inmersivas: En sectores como la moda y el turismo, la realidad virtual y aumentada pueden utilizarse para ofrecer a los clientes experiencias inmersivas, permitiéndoles interactuar con productos o destinos antes de realizar una compra.

Desafíos Éticos y Consideraciones de Privacidad: Más Allá de los Beneficios Tecnológicos

La recopilación masiva de datos y la implementación de tecnologías avanzadas plantean desafíos éticos significativos. La privacidad del cliente debe ser una prioridad, y las empresas deben ser transparentes en cuanto a cómo utilizan los datos.

Ética en la Recopilación de Datos: Las empresas deben establecer políticas claras sobre cómo se recopilan, almacenan y utilizan los datos de los clientes. La transparencia y la obtención de consentimiento se convierten en prácticas esenciales.

Seguridad de la Información: Garantizar la seguridad de la información del cliente se vuelve fundamental. Las empresas deben invertir en medidas de seguridad robustas para proteger la información confidencial.

Equilibrio Entre Personalización y Privacidad: La personalización es clave en la era digital, pero debe equilibrarse con el respeto a la privacidad. Las estrategias deben evitar la intrusión y la percepción de vigilancia constante.

- **El Futuro de las Ventas: Más Allá de la Innovación Tecnológica**

El futuro de las ventas está intrínsecamente ligado a la capacidad de las empresas y profesionales de ventas para innovar constantemente. Más allá de la implementación de tecnologías emergentes, la innovación implica la capacidad de anticipar tendencias y adelantarse a las necesidades del mercado.

Tendencias Emergentes: Explorar las tendencias que están en el horizonte, como la inteligencia artificial avanzada, la realidad virtual mejorada y la integración aún más profunda de la analítica predictiva.

Colaboración Interdisciplinaria: La colaboración entre equipos de ventas, marketing y tecnología se vuelve esencial. La sinergia entre estas disciplinas permite una implementación más efectiva de estrategias innovadoras.

Enfoque en la Experiencia del Cliente: El futuro de las ventas estará centrado en la experiencia del cliente. Desde la primera interacción hasta el soporte postventa, cada punto de contacto debe contribuir a una experiencia positiva y memorable.

▪ El Rol del Líder Comercial: Más Allá de la Supervisión Convencional

En la era digital, el liderazgo en el área comercial requiere una combinación única de visión estratégica, habilidades tecnológicas y un enfoque centrado en el desarrollo del talento.

Liderazgo Transformador: Los líderes deben adoptar un enfoque transformador, impulsando la innovación y fomentando una cultura que abrace el cambio.

Desarrollo de Talento Digital: Invertir en el desarrollo de habilidades digitales del equipo se vuelve crucial. Programas de capacitación continua y mentoría pueden ser herramientas efectivas.

Visión Estratégica a Largo Plazo: Los líderes comerciales deben mirar más allá de las ganancias inmediatas y adoptar una visión estratégica a largo plazo que anticipe las necesidades futuras del mercado.

Camino hacia la Excelencia en la Era Digital de las Ventas

La era digital de las ventas representa un emocionante viaje hacia la excelencia comercial, pero también presenta desafíos significativos. La capacidad de adaptarse a nuevas tecnologías, construir relaciones auténticas y abordar consideraciones éticas se convierten en los cimientos sobre los cuales se construye el éxito.

Los profesionales de ventas, líderes comerciales y empresas en general deben abrazar la mentalidad de la adaptabilidad continua y la innovación constante. En este horizonte comercial en constante cambio, la capacidad de anticipar, adaptarse y liderar será la clave para no solo sobrevivir, sino también destacar y prosperar en la nueva era de las ventas digitales.

- **Recomendaciones para Triunfar en la Era Digital de las Ventas: Estrategias Prácticas**
- Para alcanzar el éxito en la era digital de las ventas, es esencial implementar estrategias prácticas y orientadas a resultados. Aquí algunas recomendaciones clave:

Adoptar una Mentalidad de Cliente Centrado:

Comprender las necesidades y deseos cambiantes del cliente.

Personalizar las interacciones y ofertas para construir relaciones a largo plazo.

Invertir en Formación Continua:

- Desarrollar habilidades digitales del equipo a través de programas de capacitación continua.
- Mantenerse actualizado con las últimas tendencias y tecnologías.

Maximizar la Presencia en Línea:

- Ir más allá de tener un sitio web y crear una experiencia digital envolvente.
- Utilizar estrategias efectivas de SEO para mejorar la visibilidad en línea.

Explotar las Oportunidades de las Redes Sociales:

- Participar activamente en conversaciones en redes sociales.
- Utilizar plataformas como herramientas de venta directa y construcción de comunidades.

Integrar Tecnologías Emergentes con Prudencia:

- Evaluar y seleccionar tecnologías que se alineen con las metas comerciales.
- Garantizar la ética en la recopilación y uso de datos.

Priorizar la Ética y la Privacidad:

- Establecer políticas claras sobre la recopilación y uso de datos del cliente.
- Mantener la privacidad del cliente como una prioridad en todas las interacciones.

Cultivar una Cultura de Innovación:

- Fomentar la colaboración interdisciplinaria entre equipos de ventas, marketing y tecnología.
- Estimular una mentalidad de innovación que busque constantemente nuevas oportunidades y soluciones.

- **Alcanzando el Éxito en la Revolución Digital de las Ventas**

La era digital de las ventas no es simplemente un cambio en la forma en que realizamos transacciones; es una revolución que redefine fundamentalmente la relación entre las marcas y los consumidores. En este viaje, hemos explorado cómo la transformación del proceso de ventas, la importancia de una presencia en línea estratégica y la implementación de tecnologías emergentes forman la esencia de la evolución comercial.

✓ La capacidad de adaptarse a nuevas plataformas, construir relaciones auténticas y abordar desafíos éticos se ha destacado como imperativa para el éxito continuo. Los profesionales de ventas, líderes comerciales y empresas deben abrazar este cambio constante y cultivar una mentalidad de aprendizaje continuo.

✓ Al mirar hacia el futuro, la excelencia en la era digital de las ventas no solo se trata de cerrar transacciones, sino de construir experiencias significativas que resuenen con los clientes. La innovación constante, la adaptabilidad y la priorización de la conexión humana seguirán siendo los pilares de un éxito sostenible.

Recordemos que cada interacción digital es una oportunidad para construir un puente emocional con el cliente. Al navegar con éxito en esta revolución digital de las ventas, construimos no solo transacciones, sino relaciones duraderas y significativas que son la base de un futuro comercial próspero.

Recomendaciones

Para afrontar el paradigma de las ventas en la era digital, una empresa o un vendedor debe tener en cuenta las siguientes recomendaciones:

- **Estar al día.** La era digital se caracteriza por el cambio constante, la incertidumbre y la competencia. Por eso, una empresa o un vendedor debe estar al día de las tendencias, las oportunidades y las amenazas del mercado, así como de las novedades, las herramientas y las plataformas digitales. Una empresa o un vendedor debe formarse, informarse y actualizarse continuamente, para no quedarse atrás y para ofrecer un valor diferencial al cliente.

- **Escuchar al cliente**. El cliente es el centro de la actividad comercial, el que tiene el poder, la información y las opciones. Por eso, una empresa o un vendedor debe escuchar al cliente, sus necesidades, sus preferencias y sus opiniones. Una empresa o un vendedor debe recoger y analizar los datos y el feedback del cliente, para conocerlo mejor, para ofrecerle una solución personalizada y para mejorar su satisfacción.

- **Aportar valor**. El valor es lo que hace que un cliente elija una oferta frente a otra, lo que le satisface, lo que le fideliza. Por eso, una empresa o un vendedor debe aportar valor al cliente, ofreciéndole un producto o un servicio de calidad, que resuelva su problema, que cubra su necesidad, que supere su expectativa. Una empresa o un vendedor debe comunicar el valor de su oferta, demostrando su funcionamiento, resolviendo las objeciones y generando confianza en el cliente.

- Ser creativo. La creatividad es la capacidad de crear y ofrecer algo nuevo, diferente y mejor, que aporte valor al cliente y al mercado. Por eso, una empresa o un vendedor debe ser creativo, innovando en sus productos, sus servicios, sus canales, sus herramientas y sus estrategias de venta. Una empresa o un vendedor debe sorprender, emocionar, divertir y convencer al cliente, con una propuesta de valor única y atractiva.

- Ser humano. La humanidad es la cualidad de ser sensible, empático, honesto y ético, que genera una conexión emocional con el cliente. Por eso, una empresa o un vendedor debe ser humano, tratando al cliente con respeto, cercanía, amabilidad y profesionalidad. Una empresa o un vendedor debe crear y mantener una relación de confianza y fidelidad con el cliente, ofreciéndole un servicio de calidad, una atención al cliente eficaz, una garantía de satisfacción y una propuesta de valor diferencial.

Las ventas son una actividad esencial para cualquier empresa que quiera sobrevivir y crecer en el mercado. Sin embargo, las ventas no son una actividad estática, sino que evolucionan con el tiempo, adaptándose a los cambios del entorno, del mercado y del cliente. En la era digital, las ventas han experimentado una transformación profunda, que implica una serie de desafíos y oportunidades para las empresas y los vendedores. Para afrontar estos desafíos y aprovechar estas oportunidades, las empresas y los vendedores deben incorporar la tecnología y la digitalización en todos los aspectos de su actividad comercial, ofreciendo un valor diferencial al cliente, a través de una presencia en línea efectiva, una personalización de la oferta, una automatización de las tareas, una integración de los elementos y una innovación constante. Así, las empresas y los vendedores podrán mejorar sus ventas y la satisfacción de sus clientes, creando una ventaja competitiva y una propuesta de valor única y atractiva.

Las ventas en la era digital son un paradigma que requiere una adaptación, una actualización y una creatividad constantes, pero que también ofrece una oportunidad de crecimiento, de aprendizaje y de mejora continua. Las ventas en la era digital son un reto, pero también una oportunidad. Una oportunidad de crear y ofrecer soluciones que aporten valor al cliente y al mercado, que generen una conexión emocional con el cliente y que contribuyan a un futuro más sostenible, más inclusivo y más humano. Las ventas en la era digital son una oportunidad de hacer del mundo un lugar mejor.

El paradigma de las ventas en la era digital es un fenómeno complejo, dinámico y desafiante, que implica una transformación profunda de la actividad comercial. Esta transformación afecta a todos los elementos que intervienen en el proceso de ventas, como el cliente, el producto, el canal, la herramienta y la estrategia. Esta transformación también ofrece una serie de oportunidades para mejorar las ventas y la satisfacción de los clientes, como la visibilidad, la comunicación, la confianza, la personalización, la automatización, la integración y la innovación.

Sin embargo, para aprovechar estas oportunidades, una empresa o un vendedor debe adaptarse a la nueva realidad, incorporando la tecnología y la digitalización en todos los aspectos de su actividad comercial. Una empresa o un vendedor debe conocer bien al cliente, sus necesidades, sus preferencias y sus motivaciones. Una empresa o un vendedor debe dominar el producto, sus características, sus beneficios y sus ventajas competitivas. Una empresa o un vendedor debe estar presente en los canales que usa el cliente, ofrecer una atención omnicanal, integrar los datos de los diferentes canales y ofrecer una experiencia fluida y satisfactoria al cliente. Una empresa o un vendedor debe usar las herramientas que le facilitan y mejoran su trabajo, optimizar su tiempo, automatizar sus tareas, segmentar su público, personalizar sus mensajes, medir sus resultados y mejorar su rendimiento. Una empresa o un vendedor debe seguir una estrategia flexible, que se adapte a las necesidades, las expectativas y el comportamiento de los clientes, que innove, experimente y pruebe nuevas formas de vender, que evalúe, aprenda y mejore continuamente.

CAPITULO X

La nueva Técnica de Venta "FUSIÓN Estratégica": Conectando lo Presencial y Virtual para el Éxito

En un mundo donde las ventas presenciales y virtuales coexisten, es esencial diseñar una técnica que capitalice las fortalezas de ambas modalidades. La técnica "FUSIÓN Estratégica" se centra en la integración armoniosa de estrategias presenciales y virtuales, brindando una experiencia completa y adaptada a las características actuales de los vendedores. Desde el saludo hasta el cierre, esta técnica busca optimizar cada interacción.

Es importante adaptarse al contexto actual, donde las ventas virtuales han cobrado más relevancia debido a la pandemia y las restricciones de movilidad que se vivió es por eso que vamos a analizar algunas de las técnicas de ventas conocidas han tenido que variar en su forma mas no en el fondo, teniendo que combinar las técnicas de ventas presenciales y virtuales, aprovechando lo mejor de cada una destacando los siguientes aspectos

- Utilizar herramientas de videoconferencia para crear una conexión más personal con el cliente y mostrar el producto o servicio de forma dinámica y visual.
- Aplicar el inbound marketing para atraer y educar a los clientes potenciales con contenido de valor y relevante para sus necesidades y problemas.
- Implementar un CRM para gestionar y automatizar el proceso de ventas, desde el primer contacto hasta el cierre y la fidelización.
- Segmentar y personalizar los mensajes y las ofertas según el perfil, el comportamiento y el nivel de interés de cada cliente.
- Usar la inteligencia artificial y el análisis de datos para optimizar las estrategias de ventas y mejorar el rendimiento del equipo comercial.

Como podemos ver todo cambio exige una mayor adaptabilidad por lo que Algunos de los beneficios de la venta híbrida son:

- Ampliar el alcance y la accesibilidad de los clientes, sin limitarse por la distancia o el tiempo.
- Reducir los costes y los recursos asociados a los desplazamientos y las visitas presenciales.
- Aumentar la flexibilidad y la adaptabilidad de los vendedores, que pueden elegir el canal más adecuado para cada situación y cliente.
- Mejorar la experiencia y la satisfacción de los clientes, que pueden recibir una atención más rápida, cómoda y personalizada.

Es importante integrar las técnicas de venta , ya que cada una aporta elementos clave para el éxito comercial. Sin embargo, no se trata de aplicarlas de forma aislada o mecánica, sino de adaptarlas al contexto, al producto o servicio, y al cliente. A continuación, te resumo brevemente en qué consiste cada una de las técnicas más usadas y cómo podrías usarla en el nuevo modelo híbrido:

SPIN: se basa en hacer cuatro tipos de preguntas al cliente: situación, problema, implicación y necesidad. El objetivo es identificar sus necesidades, generar urgencia y ofrecer una solución. Podrías usar esta técnica para cualificar al cliente y presentar tu propuesta de valor.

Venta colaborativa: se basa en establecer una relación de confianza y cooperación con el cliente, involucrándolo en el proceso de ventas y buscando su feedback. El objetivo es crear una solución conjunta que beneficie a ambas partes. Podrías usar esta técnica para generar compromiso y fidelidad con el cliente.

Uso de testimonios positivos: se basa en mostrar al cliente casos de éxito y opiniones de otros clientes satisfechos con el producto o servicio. El objetivo es generar credibilidad y confianza, y reducir las objeciones. Podrías usar esta técnica para reforzar tu argumentación y demostrar el valor de tu oferta.

SNAP: se basa en cuatro principios: simple, invaluable, alineado y priorizado. El objetivo es facilitar la toma de decisión del cliente, ofreciéndole una solución simple, valiosa, alineada con sus objetivos y prioritaria para su negocio. Podrías usar esta técnica para diferenciarte de la competencia y acelerar el cierre.

Venta consultiva: se basa en actuar como un consultor o asesor para el cliente, aportándole información, conocimiento y soluciones a sus problemas. El objetivo es crear una relación de confianza y credibilidad, y posicionarse como un experto en el sector. Podrías usar esta técnica para educar y guiar al cliente a lo largo del proceso de compra.

Challenger o vendedor desafiante: se basa en retar al cliente con ideas innovadoras y disruptivas, que le hagan cuestionar su situación actual y ver nuevas oportunidades. El objetivo es generar curiosidad e interés, y mostrar al cliente cómo puede mejorar su situación con el producto o servicio. Podrías usar esta técnica para captar la atención y el interés del cliente, y diferenciarte de la competencia.

Sandler: se basa en invertir el proceso de ventas tradicional, haciendo que sea el cliente el que venda su necesidad al vendedor, y no al revés. El objetivo es evitar la presión y la manipulación, y hacer que el cliente se convenza a sí mismo de que necesita el producto o servicio. Podrías usar esta técnica para evitar las objeciones y el rechazo, y generar confianza y respeto con el cliente.

Storytelling: se basa en contar una historia que conecte con el cliente, que le haga sentir emociones y que le transmita un mensaje. El objetivo es captar la atención y el interés del cliente, y persuadirlo de forma sutil y atractiva. Podrías usar esta técnica para presentar tu producto o servicio, para contar casos de éxito, o para crear una conexión personal con el cliente.

AICDC: se basa en seguir cinco pasos: atención, interés, convicción, deseo y cierre. El objetivo es guiar al cliente a lo largo del proceso de ventas, desde que se capta su atención hasta que se cierra el trato. Podrías usar esta técnica como una estructura general para tu proceso de ventas, adaptándola a cada caso y cliente.

FAB: se basa en destacar las características, las ventajas y los beneficios del producto o servicio. El objetivo es mostrar al cliente cómo el producto o servicio puede satisfacer sus necesidades y resolver sus problemas. Podrías usar esta técnica para presentar tu oferta al cliente, enfocándote en los beneficios que le aporta.

Como ves, hay muchas técnicas de ventas que puedes utilizar, pero lo más importante es que las adaptes a tu realidad y a la de tus clientes. Es por ese motivo que después de haber realizado una rigurosa investigación se ha podido elaborar una nueva técnica de venta en donde se Fusiona lo Presencial y Virtual en una sola y a continuación se detalla:

I. Saludo "FUSIÓN": Creando una Conexión Inicial Poderosa

Presencial y Virtual:

- Iniciar la interacción con un saludo amigable y profesional, adaptado al entorno presencial o virtual.
  Ejemplo Presencial: Estrechar la mano con una sonrisa cálida.
  Ejemplo Virtual: Utilizar un saludo amigable a través de la cámara con una introducción personalizada.

Presentación Multicanal:

- Introducirse brevemente y mencionar la posibilidad de interacción tanto en persona como virtualmente.

Ejemplo: "Es un placer conocerlo en persona, y también estoy emocionado de conectar virtualmente si alguna vez necesitamos profundizar en detalles más específicos."

II. Exploración "FUSIÓN": Adaptándose a las Necesidades del Cliente

Presencial y Virtual:

- Utilizar preguntas situacionales tanto en el entorno presencial como virtual para explorar las necesidades del cliente.

Ejemplo Presencial: "Dígame, ¿cómo ha sido su experiencia en este evento hasta ahora?"

Ejemplo Virtual: "En el entorno virtual, a menudo surgen desafíos únicos. ¿Hay algo específico que esté buscando mejorar en su estrategia digital?"

Plataforma Multicanal:

- Mencionar la disponibilidad en múltiples plataformas para consultas y discusiones continuas.

Ejemplo: "Además de nuestras reuniones presenciales, siempre estoy disponible para discutir cualquier pregunta o detalle a través de videollamadas o correo electrónico."

III. Colaboración "FUSIÓN": Co-Creando Soluciones Impactantes

Presencial y Virtual:

- Invitar al cliente a participar activamente en la creación de soluciones tanto en reuniones presenciales como virtuales.

Ejemplo Presencial: "Vamos a colaborar en esta pizarra para esbozar juntos cómo podemos abordar sus necesidades."

Ejemplo Virtual: "En nuestra pantalla compartida, podemos trabajar en conjunto para personalizar una solución que se adapte perfectamente a su situación."

Demostración Híbrida:

- Realizar demostraciones que aprovechen las fortalezas de la interacción presencial y virtual.

Ejemplo: "En la sala, puedo mostrarle físicamente cómo funciona nuestro producto, y luego, en la pantalla, detallaremos sus beneficios adicionales y características virtuales."

IV. Testimonios "FUSIÓN": Reforzando la Confianza desde Ambos Mundos

Presencial y Virtual:

- Incorporar testimonios tanto de experiencias presenciales como virtuales para respaldar la efectividad de la solución.

Ejemplo Presencial: "Hemos recibido comentarios destacados de clientes que han experimentado resultados significativos en eventos como este."

Ejemplo Virtual: "En nuestra plataforma en línea, los testimonios de clientes destacan cómo hemos transformado sus operaciones de manera virtual."

Historias Integradas:

- Construir historias que conecten experiencias presenciales con éxitos virtuales y viceversa.

Ejemplo: "Permítame compartir cómo una reunión presencial inicial llevó a una colaboración virtual exitosa que resultó en un crecimiento significativo para nuestro cliente."

V. Venta SNAP "FUSIÓN": Creando Urgencia y Valor en Ambos Mundos

Presencial y Virtual:

- Utilizar la técnica SNAP para resaltar la Situación, Necesidad, Alternativa y Percibir Beneficio tanto en contextos presenciales como virtuales.

Ejemplo: "Dada la situación actual del mercado, es esencial considerar una alternativa como la nuestra que puede ofrecer beneficios inmediatos tanto en entornos físicos como digitales."

VI. Venta Consultiva "FUSIÓN": Guiando con Profundidad en Ambos Entornos

Entendimiento Completo:

- Profundizar en la comprensión tanto de los objetivos presenciales como virtuales del cliente.

Ejemplo: "Para ofrecer la mejor solución, necesito entender en detalle sus metas comerciales en este nuevo paradigma, ya sea en eventos físicos o interacciones digitales."

Asesoramiento Personalizado Multicanal:

- Ofrecer recomendaciones personalizadas basadas en la información recopilada, adaptándolas a ambos entornos.

Ejemplo: "Basándonos en su situación presencial y virtual, sugiero esta configuración que ha demostrado ser altamente efectiva para empresas similares."

VII. Challenger "FUSIÓN": Desafiando Perspectivas en Ambos Mundos

Presencial y Virtual:

- Plantear preguntas desafiantes que estimulen la reflexión tanto en el ámbito presencial como virtual.

Ejemplo Presencial: "¿Cómo podría integrar nuestra solución en sus eventos para maximizar su impacto?"

Ejemplo Virtual: "Hablemos sobre cómo nuestra tecnología podría desafiar su enfoque digital actual para lograr resultados aún más notables."

VIII. Venta Sandler "FUSIÓN": Manejando la Conversación en Diferentes Espacios

Acuerdo Presencial y Virtual:

- Establecer acuerdos paso a paso tanto en reuniones presenciales como virtuales.

Ejemplo: "¿Estaría de acuerdo en explorar cómo podemos avanzar juntos tanto en nuestras reuniones en persona como en nuestras sesiones virtuales?"

Manejo de Objeciones en Ambos Mundos:

- Anticipar y manejar objeciones tanto en el entorno presencial como virtual.

Ejemplo: "Entiendo sus preocupaciones sobre la integración virtual; permítame compartir cómo hemos abordado con éxito este desafío con otros clientes, tanto en eventos físicos como digitales."

IX. Técnica de Venta de Storytelling "FUSIÓN": Creando Narrativas que Resonan en Todos los Canales

Presencial y Virtual:

- Construir historias que trasciendan las experiencias presenciales y virtuales del cliente.

Ejemplo: "Permítame contarle cómo una conexión inicial en un evento presencial llevó a una colaboración exitosa que floreció en el mundo virtual."

Emoción Integrada:

- Incorporar elementos emocionales que resuenen en ambos mundos, presencial y virtual.

Ejemplo: "Imagine la emoción que sentirá cuando vea el impacto tangible de nuestra solución, ya sea en su oficina o a través de una pantalla."

X. Modelo AICDC "FUSIÓN": Guía Estructurada para el Éxito Integral

Atención Integral:

- Captar la atención del cliente con un enfoque que se adapte tanto al entorno presencial como virtual.

Ejemplo: "Antes de finalizar, quiero resaltar cómo nuestra solución puede transformar su experiencia, ya sea en eventos físicos o en reuniones virtuales."

Interés Continuo:

- Mantener el interés del cliente mediante datos y beneficios específicos, abordando sus necesidades en ambos mundos.

Ejemplo: "Basándonos en sus necesidades específicas, veo un gran potencial para mejorar sus resultados en sus eventos presenciales y virtuales."

Cierre Integrado:

- Utilizar técnicas de cierre adaptadas tanto al entorno presencial como virtual.

Ejemplo: "Dadas las ventajas evidentes que ofrece nuestra solución, ¿le gustaría dar el siguiente paso para implementarla tanto en sus eventos físicos como en sus estrategias digitales?"

XI. Técnica de "FUSIÓN": Incorporación de Elementos Innovadores

Realidad Aumentada y Virtual:

- Utilizar tecnologías de realidad aumentada y virtual para mejorar la experiencia del cliente, ya sea en eventos presenciales o sesiones virtuales.

Ejemplo: "Vamos a experimentar cómo nuestra solución se integra en su espacio físico utilizando la realidad aumentada."

Herramientas de Colaboración en Tiempo Real:

- Implementar herramientas de colaboración en tiempo real que faciliten la participación activa tanto en reuniones presenciales como virtuales.

Ejemplo: "Durante nuestra reunión virtual, usaremos esta herramienta para esbozar juntos ideas y personalizar la solución según sus necesidades."

La técnica "FUSIÓN Estratégica" abraza la realidad híbrida de las ventas modernas, aprovechando lo mejor de los mundos presenciales y virtuales. Al adaptarse a las características de los nuevos vendedores y a la dinámica de la era actual, esta técnica busca no solo cerrar transacciones, sino construir conexiones auténticas que trasciendan las barreras físicas y digitales. Que cada interacción bajo la "FUSIÓN Estratégica" sea un paso hacia el éxito integral en las ventas del siglo XXI. ¡Que la conexión sea completa y duradera!

EJEMPLO PRACTICO DE LA NUEVA TÉCNICA DE VENTA

XII. Caso de Éxito "FUSIÓN": Integrando lo Mejor de Ambos Mundos

Contexto:

Una empresa de consultoría implementa la técnica "FUSIÓN Estratégica" en su enfoque de ventas para adaptarse a la realidad híbrida del mercado.

Etapas de la Técnica:

Saludo "FUSIÓN":

Durante eventos presenciales, los representantes saludan a los asistentes de manera tradicional, pero también promueven conexiones virtuales para aquellos que prefieren interactuar digitalmente.

Exploración "FUSIÓN":

Se desarrolla una aplicación específica para recopilar datos y necesidades de clientes tanto en eventos físicos como en interacciones digitales.

Colaboración "FUSIÓN":

Durante reuniones presenciales, se utilizan pizarras y materiales interactivos. En sesiones virtuales, se comparten pantallas y se fomenta la participación activa a través de herramientas de colaboración en línea.

Testimonios "FUSIÓN":

Se crea una biblioteca de testimonios que abordan tanto las experiencias presenciales como virtuales de los clientes, respaldando la versatilidad de la solución.

Venta SNAP "FUSIÓN":

Se diseñan ofertas exclusivas para eventos físicos y digitales, creando una sensación de urgencia y valor tanto en el mundo real como en el virtual.

Venta Consultiva "FUSIÓN":

Los consultores utilizan análisis de datos tanto de interacciones presenciales como virtuales para ofrecer recomendaciones personalizadas y adaptadas a cada entorno.

Challenger "FUSIÓN":

Se plantean desafíos estratégicos durante demostraciones físicas y digitales, instigando la reflexión profunda sobre cómo la solución puede transformar sus operaciones.

Venta Sandler "FUSIÓN":

Acuerdos y compromisos se establecen tanto en reuniones cara a cara como en sesiones virtuales, asegurando una progresión fluida en ambos contextos.

Storytelling "FUSIÓN":

Narrativas cautivadoras se construyen alrededor de experiencias que fusionan eventos presenciales y digitales, destacando casos donde la colaboración comenzó en un entorno y se expandió al otro.

Modelo AICDC "FUSIÓN":

La estructura AICDC se aplica de manera coherente en presentaciones presenciales y virtuales para guiar a los clientes desde la atención hasta el cierre.

Técnica de "FUSIÓN":

Se implementan herramientas innovadoras, como realidad virtual para demostraciones y plataformas de colaboración en tiempo real, creando experiencias únicas y adaptadas a cada contexto.

Resultado:

La empresa experimenta un aumento significativo en las conversiones y la satisfacción del cliente. La capacidad de adaptarse fluidamente a las preferencias de los clientes y las dinámicas cambiantes del mercado posiciona a la empresa como líder en ventas tanto en el mundo presencial como en el virtual.

Estos casos de éxito demuestran la versatilidad y efectividad de la técnica "FUSIÓN Estratégica" al integrar lo mejor de ambos mundos, creando experiencias de ventas holísticas y adaptadas a la realidad actual de los consumidores y las empresas.

XIII. Análisis Final y Recomendaciones para Vendedores en la Era "FUSIÓN"

Habilidades Esenciales para Vendedores en la Era "FUSIÓN":

Adaptabilidad Tecnológica:

La capacidad de utilizar herramientas digitales y plataformas virtuales es crucial para la interacción efectiva en entornos presenciales y virtuales.

Habilidades de Colaboración:

La capacidad de trabajar de manera colaborativa, ya sea en una pizarra física durante una reunión presencial o mediante herramientas de colaboración en línea en sesiones virtuales.

Narración Compelling:

La habilidad para construir historias que conecten experiencias presenciales y virtuales, generando un impacto emocional duradero en los clientes.

Conocimiento Integral del Producto:

Comprender a fondo cómo la solución puede adaptarse y beneficiar tanto a eventos presenciales como a estrategias digitales es esencial para la venta efectiva.

Manejo de la Urgencia y el Valor:

Desarrollar habilidades para crear una sensación de urgencia y valor tanto en situaciones presenciales como virtuales, utilizando la técnica SNAP de manera estratégica.

Pensamiento Desafiante:

La capacidad para desafiar perspectivas, instigando la reflexión crítica sobre cómo la solución puede transformar operaciones tanto en el mundo real como en el digital.

Manejo de Herramientas de Ventas Virtuales:

Dominar las herramientas de ventas virtuales, incluidas las plataformas de colaboración, la realidad aumentada y otras tecnologías emergentes.

Adaptabilidad en el Cierre de Ventas:

Ser capaz de adaptar técnicas de cierre a entornos presenciales y virtuales, asegurando una conclusión efectiva en ambas modalidades.

Recomendaciones Finales para Vendedores "FUSIÓN":

Investigación Continua:

Mantenerse al tanto de las últimas tendencias tecnológicas y de ventas para adaptarse constantemente a un entorno cambiante.

Desarrollo de Habilidades Virtuales:

Invertir tiempo en perfeccionar las habilidades necesarias para la venta efectiva en entornos virtuales, incluido el manejo de plataformas y la comunicación a través de pantallas.

Colaboración Interdepartamental:

Colaborar estrechamente con los equipos de marketing y tecnología para asegurar una integración armoniosa entre estrategias presenciales y virtuales.

Entrenamiento Continuo:

Participar en programas de capacitación que aborden las habilidades necesarias para la era "FUSIÓN", incluida la adaptación a las dinámicas de ventas presenciales y virtuales.

Conclusión Épica para la Era "FUSIÓN":

En esta era de fusiones, donde lo físico y lo virtual convergen en una danza armoniosa, los vendedores se encuentran en un escenario emocionante y desafiante. La técnica "FUSIÓN Estratégica" no solo representa una adaptación inteligente a los cambios en el mundo de las ventas, sino también una celebración de la capacidad humana para evolucionar y prosperar en entornos cambiantes.

Para los vendedores audaces y visionarios que adoptan esta filosofía "FUSIÓN", la recompensa es monumental. No se trata solo de cerrar transacciones, sino de construir relaciones duraderas que trasciendan las limitaciones físicas y digitales. Es el arte de fusionar lo tangible con lo intangible, creando experiencias que resuenan en el corazón y la pantalla.

En la era "FUSIÓN", los vendedores son arquitectos de conexiones, tejedores de narrativas que transcurren entre lo palpable y lo virtual. Cada interacción es una oportunidad para construir puentes que conecten experiencias presenciales y digitales, dando forma a un futuro donde las ventas no son simplemente transacciones, sino experiencias holísticas.

Que cada vendedor se convierta en un maestro de la "FUSIÓN", creando sinfonías que resuenen en cada pantalla y rincón del mundo físico. En esta era emocionante, donde las fronteras entre lo real y lo virtual se desdibujan, los vendedores "FUSIÓN" son los arquitectos de un mañana más conectado, más humano y más exitoso que nunca. ¡Que la "FUSIÓN" inspire y eleve a cada vendedor hacia nuevas alturas de logros y conexiones impactantes!

En la sinfonía vibrante de la era "FUSIÓN", los vendedores son protagonistas de una historia en constante evolución. Cada interacción, ya sea en el mundo palpable de eventos presenciales o en el reino ilimitado de la esfera digital, es una oportunidad para escribir un capítulo extraordinario en el libro de las conexiones humanas.

La habilidad para abrazar la "FUSIÓN Estratégica" no solo radica en la maestría de las herramientas digitales o la comprensión profunda de la venta tradicional; se encuentra en la capacidad de trascender barreras y adaptarse a la danza constante entre lo tangible y lo intangible. Es el arte de tejer experiencias que no conocen límites geográficos ni limitaciones de pantalla.

En este viaje apasionante, cada vendedor "FUSIÓN" se convierte en un narrador de experiencias inolvidables. Es un arquitecto de puentes que conectan mundos aparentemente dispares, recordándonos que, en última instancia, las ventas son una expresión sublime de la conexión humana.

Así que, queridos vendedores "FUSIÓN", sigamos adelante con valentía y creatividad. Sigamos construyendo puentes que unan corazones, ya sea en el calor de un apretón de manos o en la efervescencia de una conversación virtual. Que cada cliente se convierta en un compañero de viaje en esta odisea de ventas, y que cada conexión trascienda las limitaciones físicas y digitales.

En la era "FUSIÓN", donde lo presencial y lo virtual convergen, la venta es más que una transacción; es una sinfonía en la que cada vendedor es un director, cada cliente es un protagonista y cada conexión es una obra maestra.

Que la "FUSIÓN DE LAS TECNICAS DE VENTAS" inspire nuestro camino, eleve nuestras expectativas y nos impulse hacia un futuro donde las ventas no solo sean una función comercial, sino una expresión sublime de la humanidad en su forma más auténtica. ¡Que las "VENTAS" continúeN resonando en cada interacción y que cada vendedor escriba un capítulo legendario en la crónica de esta era emocionante e innovadora!

¿Que esperamos en los próximos 5 años?

Esta respuesta implica considerar tendencias actuales, cambios en el comportamiento del consumidor y desarrollos tecnológicos. Aunque no se puede proporcionar datos futuros, se puede sugerir algunas tendencias emergentes que podrían influir en las técnicas de ventas en el futuro cercano:

Personalización Impulsada por Datos:

El análisis de datos se volverá aún más crucial para comprender a los clientes a nivel individual. Las técnicas de ventas se centrarán en la personalización de mensajes y ofertas basadas en datos demográficos, comportamientos de compra y preferencias.

Inteligencia Artificial (IA) en Ventas:

La integración de la inteligencia artificial en procesos de ventas se expandirá. Chatbots avanzados, análisis predictivo y automatización de tareas repetitivas permitirán a los equipos de ventas centrarse en actividades más estratégicas.

Experiencia del Cliente (CX) Centrada en Datos:

Las técnicas de ventas se alinearán más estrechamente con la mejora de la experiencia del cliente. La retroalimentación en tiempo real y el análisis de la satisfacción del cliente serán fundamentales para ajustar las estrategias de ventas.

Ventas Sociales y Redes Profesionales:

El uso de redes sociales y plataformas profesionales para la generación de leads y la construcción de relaciones seguirá siendo una tendencia creciente. La capacidad de conectarse con los clientes potenciales a través de canales sociales será esencial.

Contenido Educativo y Storytelling:

Las técnicas de ventas se enfocarán en proporcionar contenido educativo que resuelva los problemas del cliente. El storytelling continuará siendo una herramienta poderosa para conectar emocionalmente con los clientes.

Ventas Híbridas (Presenciales y Virtuales):

La pandemia ha acelerado la adopción de ventas virtuales. Las técnicas de ventas se adaptarán a modelos híbridos que aprovechan lo mejor de las interacciones presenciales y virtuales para llegar a una audiencia más amplia.

Venta Consultiva Potenciada por Tecnología:

La venta consultiva se fortalecerá con herramientas tecnológicas que permiten a los vendedores comprender mejor las necesidades del cliente y ofrecer soluciones personalizadas.

Énfasis en la Sostenibilidad y Ética:

Los consumidores están cada vez más preocupados por la sostenibilidad y la ética empresarial. Las técnicas de ventas efectivas incorporarán mensajes y prácticas empresariales alineadas con valores sostenibles y éticos.

Realidad Virtual (RV) y Aumentada (RA):

Para productos o servicios que requieren demostración visual, la RV y la RA serán herramientas poderosas. Las técnicas de ventas podrían aprovechar estas tecnologías para ofrecer experiencias inmersivas.

Automatización de Procesos de Ventas Complejas:

En ventas B2B, especialmente en industrias con procesos de compra complejos, la automatización de ciertos pasos del proceso de ventas será una tendencia, permitiendo una mayor eficiencia.

En el ámbito B2C, las técnicas de venta estarán aún más enfocadas en la creación de experiencias de compra personalizadas y atractivas. Considerando la naturaleza directa y emocional de las transacciones B2C, las estrategias se centrarán en captar la atención, construir confianza y proporcionar soluciones adaptadas a las necesidades individuales de los consumidores.

Es esencial adaptarse continuamente a las tendencias emergentes y aprovechar la tecnología para mejorar las estrategias de ventas. Además, la capacidad de mantener un enfoque centrado en el cliente será clave para el éxito en los próximos años.

Interactividad en Tiempo Real:

La interactividad en tiempo real, a través de funciones como demos virtuales, sesiones de preguntas y respuestas en vivo y videoconferencias, se convertirá en una técnica esencial para construir relaciones sólidas con los clientes y cerrar ventas por lo que tendremos que considerar los siguientes aspectos.

Gamificación en Ventas:

La gamificación, aplicando elementos de juego en el proceso de ventas, será utilizada para motivar a los equipos de ventas, mejorar la participación del cliente y crear experiencias más atractivas.

Uso Estratégico de Plataformas de Comercio Electrónico:

Las plataformas de comercio electrónico evolucionarán, y las técnicas de ventas se adaptarán para aprovechar al máximo estas plataformas. La integración de herramientas de compra directa y experiencias de compra sin fricciones será crucial.

Enfoque Multicanal Integrado:

Las técnicas de ventas se centrarán en un enfoque multicanal integrado, donde la consistencia del mensaje y la experiencia del cliente se mantendrán a través de diversos canales, ya sean físicos o virtuales.

Aprendizaje Automático para la Predicción de Comportamientos:

El aprendizaje automático y la analítica avanzada se utilizarán para predecir el comportamiento del cliente, permitiendo a los equipos de ventas anticipar necesidades, personalizar ofertas y mejorar las tasas de conversión.

Colaboración entre Equipos de Ventas y Marketing:

La alineación y colaboración estrecha entre los equipos de ventas y marketing se intensificará. Estrategias coordinadas garantizarán una transición fluida desde la generación de leads hasta el cierre de ventas.

Venta Social 2.0:

La venta social evolucionará hacia una segunda fase donde la autenticidad, la participación genuina y la construcción de relaciones sólidas en entornos digitales se destacarán como estrategias efectivas.

Ciberseguridad en Transacciones Comerciales:

Dada la creciente importancia de la seguridad en línea, las técnicas de ventas se adaptarán para abordar las preocupaciones de seguridad de los clientes, implementando medidas robustas para garantizar transacciones seguras.

Análisis de Sentimientos en Tiempo Real:

Herramientas que analizan los sentimientos del cliente en tiempo real serán fundamentales. Esto permitirá a los vendedores ajustar su enfoque según las respuestas emocionales del cliente durante las interacciones.

Desarrollo de Habilidades Socioemocionales:

A medida que la automatización se vuelve más prominente, las habilidades socioemocionales, como la empatía, la comunicación efectiva y la inteligencia emocional, serán más valoradas en los profesionales de ventas para construir conexiones significativas.

En los próximos años, las técnicas de ventas efectivas estarán intrínsecamente ligadas a la adaptabilidad, la innovación tecnológica y la comprensión profunda de las necesidades del cliente. Las estrategias que se centren en la personalización, la tecnología emergente y la conexión emocional seguirán liderando el camino. La capacidad de abrazar el cambio y aprender continuamente será esencial para los profesionales de ventas que buscan destacarse en un entorno comercial dinámico y en constante evolución.

CAPITULO XI

Neuro Marketing y Brainketing: Un Viaje Cerebral en la Era Digital Post-Pandémica

En el universo dinámico del marketing, el Neuro Marketing y su evolución, encarnada en el concepto más amplio de Brainketing, han emergido como disciplinas cruciales para comprender y moldear el comportamiento del consumidor. La pandemia ha sido un catalizador de cambios profundos en la sociedad y, por ende, en las estrategias de marketing. En este artículo, exploraremos cómo el Neuro Marketing y el Brainketing han evolucionado y se han adaptado, el impacto de la inteligencia artificial en estas disciplinas, y las tendencias y proyecciones que marcarán la pauta en la nueva era digital.

El Trayecto Evolutivo del Neuro Marketing: De lo Emocional a lo Cognitivo

✓ Antes de la Pandemia: Emociones como Motores de Decisión

Antes del cataclismo global, el Neuro Marketing se centraba predominantemente en el estudio de las emociones del consumidor. La comprensión de cómo el cerebro reacciona a estímulos específicos permitía diseñar estrategias que apelaran directamente a las emociones, potenciando así la conexión con la marca. La neurociencia aplicada al marketing encontró su nicho en el misterioso territorio de la mente humana.>

✓ Después de la Pandemia: De lo Emocional a lo Cognitivo

La pandemia actuó como un acelerador de cambios, llevando al Neuro Marketing a evolucionar hacia una comprensión más holística del proceso cognitivo. Más allá de las emociones, las marcas empezaron a enfocarse en cómo los consumidores procesan información y toman decisiones. Se dio paso a la era del Brainketing, donde la interconexión de la emoción y la cognición se volvió esencial para entender a profundidad al consumidor en un entorno post-pandémico.

Brainketing y la Integración de la Inteligencia Artificial

La Revolución de la Inteligencia Artificial

La inteligencia artificial (IA) ha sido el catalizador de la transformación en diversas industrias, y el marketing no es una excepción. La capacidad de procesamiento masivo de datos, el aprendizaje automático y la simulación de procesos cognitivos han llevado al Brainketing a nuevas alturas. La IA se convierte en el puente que conecta la neurociencia con estrategias de marketing más personalizadas y efectivas.

Impacto de la IA en el Brainketing: Personalización y Predicción

La IA potencia la personalización en tiempo real. Al analizar el comportamiento pasado y presente del consumidor, las marcas pueden adaptar sus mensajes de manera instantánea, creando experiencias únicas. Además, la capacidad predictiva de la IA permite anticipar las necesidades y preferencias del consumidor, permitiendo a las marcas ser proactivas en lugar de reactivas.

Tendencias y Proyecciones en la Nueva Era Digital

Realidad Aumentada (RA) y Realidad Virtual (RV)

El Brainketing se beneficiará enormemente de la RA y RV. Las experiencias inmersivas permiten a las marcas activar áreas específicas del cerebro vinculadas a la memoria y la toma de decisiones. Desde probar productos virtualmente hasta participar en narrativas de marca envolventes, estas tecnologías ampliarán los límites de la conexión emocional.

Interfaces Cerebro-Computadora (ICC)

La conexión directa entre el cerebro y la computadora está en el horizonte. A medida que se desarrollan ICC más avanzadas, las marcas podrán comprender las respuestas cerebrales en tiempo real, permitiendo una adaptación instantánea de las estrategias de marketing.

Ética en la Neurociencia Aplicada

Con el aumento de la capacidad para influir en las decisiones del consumidor a nivel cerebral, surge la necesidad crítica de establecer límites éticos. La nueva era digital traerá consigo debates profundos sobre la privacidad, la manipulación y la responsabilidad en el uso de la neurociencia aplicada al marketing.

Intersección con Otras Ciencias y Estudios

Psicología del Consumidor

La psicología del consumidor se fusiona con el Brainketing para entender cómo los factores psicológicos influyen en la toma de decisiones de compra. La combinación de técnicas de investigación psicológica y tecnologías de neurociencia brinda una comprensión más completa del comportamiento del consumidor.

Antropología del Consumo

La antropología del consumo se vuelve crucial para entender cómo las comunidades culturales interactúan con las estrategias de Brainketing. La adaptación a las diversas prácticas culturales y tradiciones se convierte en un elemento vital para el éxito en la nueva era digital.

Ciencia de Datos

La ciencia de datos y el Brainketing forman un matrimonio estratégico. La capacidad de analizar grandes conjuntos de datos cerebrales requiere una sofisticada infraestructura de ciencia de datos. La interpretación precisa de señales cerebrales se convierte en un desafío resuelto por algoritmos avanzados.

El Paisaje Neurodigital del Futuro

En la nueva era post-pandémica, el Neuro Marketing y el Brainketing se posicionan como faros guías para las estrategias de marketing. La convergencia con la inteligencia artificial, la exploración de nuevas tecnologías y la intersección con diversas disciplinas científicas abren un panorama emocionante y desafiante.

La ética jugará un papel fundamental en la aplicación de estas disciplinas, y la colaboración entre científicos, marketers y éticos será clave para garantizar un uso responsable de la neurociencia aplicada. Al final, la capacidad para comprender y respetar la mente del consumidor será la moneda de cambio más valiosa en el paisaje neurodigital del futuro. Estamos en el umbral de una revolución donde la mente y la máquina se entrelazan, creando un escenario fascinante donde la ciencia y el marketing convergen para transformar la manera en que vivimos y consumimos.

El Futuro Neurodigital en Detalle: Estadísticas, Casos y Desafíos

Más Allá de las Neurociencias: Datos que Respaldan la Evolución

1. Estadísticas Impactantes:

Según un informe de la consultora MarketsandMarkets, se espera que el mercado de neurotecnologías alcance los 30.7 mil millones de dólares para 2027, reflejando un crecimiento significativo desde antes de la pandemia.

El 78% de los profesionales de marketing informan que están utilizando o planean utilizar tecnologías de inteligencia artificial en sus estrategias, según una encuesta de Salesforce.

2. Casos de Éxito:

Netflix y Recomendaciones Basadas en el Cerebro:

La plataforma de streaming utiliza algoritmos basados en neurociencia para analizar patrones cerebrales y ofrecer recomendaciones de contenido altamente personalizadas. Esto ha llevado a un aumento del 15% en la retención de usuarios.

Neuromarketing en Retail:

Empresas como Walmart y Amazon están utilizando el neuromarketing para diseñar experiencias de compra en línea que se ajustan a las preferencias cognitivas del usuario, mejorando así la satisfacción del cliente y aumentando las conversiones.

Inteligencia Artificial en la Práctica: Transformando la Experiencia del Consumidor

1. Personalización en Tiempo Real:

La IA permite personalizar la experiencia del consumidor en tiempo real. Plataformas como Spotify ajustan las listas de reproducción según las reacciones cerebrales del usuario, mejorando la satisfacción y la retención.

2. Publicidad Cognitiva:

Marcas como Coca-Cola utilizan anuncios cognitivos que se adaptan según las respuestas cerebrales del espectador. Esto ha demostrado aumentar la atención y la retención del mensaje publicitario.

Tendencias que Definirán el Futuro Neurodigital

1. Realidad Aumentada y Realidad Virtual (RA/RV):

Se proyecta que el mercado de RA/RV alcance los 94.4 mil millones de dólares para 2027, según Allied Market Research. Marcas como IKEA están utilizando estas tecnologías para permitir a los consumidores "probar" productos virtualmente antes de comprar.

2. Interfaces Cerebro-Computadora (ICC):

Empresas como Neuralink, de Elon Musk, están trabajando en ICC avanzadas que podrían cambiar fundamentalmente la forma en que interactuamos con la tecnología. Se espera que estas interfaces amplíen las aplicaciones del Brainketing, permitiendo una comprensión más profunda de las respuestas cerebrales.

Desafíos Éticos y Responsabilidad en el Neuromarketing

1. Privacidad y Consentimiento:

A medida que las tecnologías de Brainketing avanzan, surge la necesidad crítica de abordar cuestiones de privacidad y obtener consentimiento informado. Es esencial establecer estándares éticos sólidos para garantizar que el uso de la neurociencia aplicada sea ético y transparente.

2. Manipulación Cognitiva:

El riesgo de manipulación cognitiva plantea desafíos éticos significativos. La línea entre influir en las decisiones del consumidor y la manipulación indebida puede ser delgada. Las marcas deben ser conscientes de la responsabilidad que conlleva el acceso a la mente del consumidor.

Intersección de Ciencias: Colaborando para una Perspectiva Integral

1. Psicología y Neurociencia del Consumidor:

La colaboración entre psicólogos y neurocientíficos del consumidor permite una comprensión más profunda de cómo las decisiones de compra son influenciadas por factores emocionales y cognitivos.

2. Antropología y Brainketing:

La antropología del consumo se fusiona con el Brainketing para entender cómo las comunidades culturales interactúan con las estrategias de marketing basadas en el cerebro. Esto se traduce en campañas más efectivas y culturalmente sensibles.

3. Ciencia de Datos y Procesamiento Cerebral:

La ciencia de datos facilita la interpretación precisa de las señales cerebrales. La colaboración entre científicos de datos y expertos en procesamiento cerebral es esencial para lograr avances significativos en Brainketing.

El Futuro Neurodigital con Responsabilidad y Éxito

El Neuro Marketing y el Brainketing están en el epicentro de la revolución digital, moldeando la forma en que las marcas interactúan con los consumidores. Con estadísticas impactantes respaldando su crecimiento, casos de éxito demostrando su eficacia y desafíos éticos que requieren atención, estas disciplinas están en constante evolución.

La intersección con la inteligencia artificial, la exploración de nuevas tecnologías y la colaboración con diversas disciplinas científicas abren la puerta a un panorama emocionante y desafiante. A medida que navegamos por este territorio desconocido, la responsabilidad y la ética se convierten en brújulas esenciales para garantizar un uso adecuado de estas herramientas que tienen el poder de penetrar la mente humana.

El futuro neurodigital promete una conexión más profunda entre marcas y consumidores, pero este viaje debe emprenderse con precaución y una comprensión profunda de las responsabilidades éticas involucradas. La ciencia y el marketing convergen en una danza sinfónica que transformará la manera en que vivimos, consumimos y entendemos la complejidad de la mente humana.

Neuro Marketing y Brainketing: La Perspectiva de Expertos en el Futuro Digital

Para profundizar en el futuro de las disciplinas de Neuro Marketing y Brainketing, es crucial analizar las visiones de expertos y estudiosos que han contribuido significativamente a estas áreas.

Neuro Marketing: Entendiendo las Emociones del Consumidor

1. Antonio Damasio:

Damasio, reconocido neurólogo y autor de "El Error de Descartes", destaca la conexión directa entre las emociones y la toma de decisiones. Su investigación pionera revela cómo las decisiones racionales están intrínsecamente ligadas a las emociones, brindando fundamentos cruciales para el enfoque emocional del Neuro Marketing.

2. Gerald Zaltman:

Zaltman, profesor de la Harvard Business School, es conocido por su trabajo en la investigación neuromarketing. Su técnica de "ZMET" (Zaltman Metaphor Elicitation Technique) utiliza la neurociencia para revelar las percepciones inconscientes de los consumidores, proporcionando valiosas perspectivas sobre los factores que influyen en las decisiones de compra.

3. Martin Lindstrom:

Lindstrom, autor de "Buyology: Verdades y Mentiras Acerca de Por Qué Compramos", aborda cómo el cerebro reacciona a estímulos de marketing. Su trabajo destaca la importancia de comprender las respuestas neurológicas para desarrollar estrategias de marketing más efectivas.

Brainketing: Integrando Cognición y Emoción

1. Patrick Renvoise y Christophe Morin:

Los autores de "Neuromarketing: Understanding the Buy Buttons in Your Customer's Brain" son referentes en la transición hacia el Brainketing. Su enfoque combina la neurociencia y la psicología para comprender no solo las emociones, sino también los procesos cognitivos que influyen en las decisiones de compra.

2. Roger Dooley:

Dooley, autor de "Brainfluence: 100 Ways to Persuade and Convince Consumers with Neuromarketing", destaca cómo la comprensión de los procesos cognitivos puede ser aprovechada para influir en las decisiones del consumidor. Su trabajo destaca la necesidad de integrar la cognición en las estrategias de marketing.

Definiciones Claras para un Futuro Clarividente

1. Neuro Marketing:

El Neuro Marketing se define como la aplicación de técnicas y metodologías de la neurociencia al ámbito del marketing. Su objetivo principal es comprender cómo el cerebro de los consumidores responde a estímulos de marketing, centrándose inicialmente en las emociones para predecir y potenciar las decisiones de compra.

2. Brainketing:

El Brainketing, una evolución del Neuro Marketing, se expande para abarcar tanto las emociones como los procesos cognitivos. Va más allá de comprender las reacciones emocionales al explorar cómo el cerebro procesa información y toma decisiones. El término refleja la integración de estrategias basadas en la actividad cerebral completa.

El Futuro: Integración, Ética y Avances Tecnológicos

1. El Dr. Thomas Ramsøy:

Ramsøy, experto en neurociencia y autor de "Introduction to Neuromarketing & Consumer Neuroscience", destaca la necesidad de una integración más estrecha entre la neurociencia y la tecnología para un futuro exitoso del Neuromarketing. Su enfoque enfatiza el papel crucial de la ética en la aplicación de estas disciplinas.

2. Dr. Reid Montague:

Montague, neurocientífico y autor de "Your Brain Is (Almost) Perfect: How We Make Decisions", aporta perspectivas sobre la toma de decisiones. Su trabajo destaca cómo la comprensión profunda de los procesos cerebrales puede llevar a avances significativos en la personalización y adaptación de estrategias de marketing.

El futuro de estas disciplinas será forjado por la colaboración entre neurocientíficos, expertos en marketing y éticos. A medida que avanzamos hacia una era donde la tecnología y la mente se entrelazan, la sabiduría de estos estudiosos actuará como faro, guiándonos hacia prácticas éticas, estrategias efectivas y una comprensión más profunda del consumidor en la nueva era digital.

Perspectivas Actuales y Futuras: Neuro Marketing, Brainketing y la Revolución Digital

Neuro Marketing en la Actualidad: Entendiendo las Emociones

1. La Dra. Gemma Calvert:

Calvert, neurocientífica y fundadora de Neurosense, destaca la aplicación del Neuro Marketing en la mejora de la experiencia del cliente. Su enfoque se centra en cómo las emociones pueden influir en la lealtad del cliente, y aboga por una comprensión más profunda de la conexión emocional en las estrategias de marketing.

2. Dr. Beau Lotto:

Lotto, neurocientífico y cofundador de Lab of Misfits Studio, explora la percepción y la toma de decisiones. Su trabajo destaca cómo las marcas pueden aprovechar la plasticidad cerebral para crear experiencias memorables. La adaptabilidad en la estrategia de Neuro Marketing se vuelve crucial para mantener la relevancia.

Brainketing y la Integración Cognitiva: Hacia Decisiones Informadas

1. Dr. A.K. Pradeep:

Pradeep, fundador y CEO de NeuroFocus, aborda la evolución hacia el Brainketing, destacando la necesidad de comprender la cognición. Su investigación destaca la importancia de combinar la emoción con la cognición para crear estrategias de marketing más efectivas y centradas en el consumidor.

2. Dr. Christophe Morin:

Morin, coautor de "The Persuasion Code", destaca la aplicación práctica del Brainketing en la toma de decisiones del consumidor. Su enfoque se centra en cómo las marcas pueden influir tanto en las emociones como en la cognición para lograr resultados óptimos. La adaptación a este enfoque integral es esencial para el éxito futuro.

El Desafío Ético y la Responsabilidad en el Avance Tecnológico

1. Dr. Nathalie Nahai:

Nahai, psicóloga web y autora de "Webs of Influence", destaca la necesidad de abordar los desafíos éticos en la aplicación de estas disciplinas. Su trabajo se centra en cómo las marcas pueden utilizar la neurociencia de manera ética, evitando la manipulación y respetando la privacidad del consumidor.

2. Prof. Rafael Ramírez:

Ramírez, experto en ética empresarial, destaca la importancia de establecer estándares éticos claros en la aplicación de la neurociencia en el marketing. Su enfoque se centra en la responsabilidad corporativa y cómo las marcas pueden liderar con integridad en la era del Neuro Marketing y Brainketing.

El Futuro: Convergencia, Innovación y Colaboración

1. Dr. Moran Cerf:

Cerf, neurocientífico y profesor de marketing, destaca la convergencia continua entre la neurociencia y el marketing. Su visión se centra en cómo la innovación tecnológica permitirá una comprensión aún más profunda de la mente del consumidor. La colaboración interdisciplinaria se vuelve esencial para impulsar la investigación futura.

2. Dr. Elissa Moses:

Moses, neurocientífica y fundadora de Emotiv Research, aborda la necesidad de seguir avanzando en la comprensión de las complejidades cerebrales. Su trabajo destaca cómo la innovación constante en la tecnología de medición cerebral abrirá nuevas oportunidades para el Neuro Marketing y el Brainketing en la próxima década.

La colaboración entre investigadores, expertos en ética y profesionales del marketing es esencial para navegar con éxito el futuro de estas disciplinas. A medida que avanzamos hacia un paisaje donde la tecnología y la neurociencia convergen, estas perspectivas actuales y futuras actuarán como guías esenciales para aprovechar el potencial transformador del Neuro Marketing y el Brainketing en la era digital.

La Evolución Continua del Neuromarketing: la Importancia en la Actualidad

Avances Tecnológicos: La Nueva Frontera del Neuromarketing

En la actualidad, los avances tecnológicos han catapultado al neuromarketing a una posición de mayor relevancia. La introducción de técnicas como la resonancia magnética funcional (fMRI) y la electroencefalografía (EEG) ha permitido a los especialistas en marketing explorar las respuestas cerebrales de manera más detallada y precisa. Estos instrumentos de alta tecnología han redefinido cómo entendemos y aplicamos estrategias de marketing.

Ejemplo Práctico:

Empresas como Nielsen Consumer Neuroscience han adoptado tecnologías avanzadas para medir la respuesta emocional y cognitiva de los consumidores a los estímulos publicitarios. Este enfoque no solo proporciona datos más ricos, sino que también permite ajustar las estrategias en tiempo real.

Neurociencia del Consumidor: Más Allá de las Emociones

La evolución del neuromarketing ha llevado a una comprensión más profunda de la neurociencia del consumidor. Si bien las emociones siguen siendo centrales, la disciplina se ha expandido para abarcar los procesos cognitivos. Esto implica considerar cómo se procesa y retiene la información en el cerebro del consumidor.

Importancia en la Práctica:

Las estrategias de neuromarketing ahora no solo buscan generar emociones positivas, sino también facilitar una comprensión más clara del mensaje publicitario. Se están desarrollando técnicas para optimizar la retención de información y la toma de decisiones basadas en el procesamiento cerebral.

Personalización y Experiencia del Cliente: Claves del Éxito

Con la evolución del neuromarketing, la personalización se ha convertido en un componente crucial. Las empresas buscan comprender las preferencias individuales de los consumidores a un nivel más profundo, utilizando datos cerebrales para adaptar estrategias y productos de manera más precisa.

Aplicación Significativa:

Plataformas como Amazon utilizan algoritmos basados en neurociencia para personalizar recomendaciones de productos, creando experiencias de compra altamente adaptadas a los gustos y preferencias de cada usuario.

Énfasis en la Ética y Transparencia: Un Giro Importante

A medida que el neuromarketing ha ganado terreno, también ha surgido una mayor conciencia sobre la ética y la transparencia en su aplicación. La responsabilidad de las marcas para utilizar la información cerebral de manera ética se ha vuelto imperativa, enfocándose en construir la confianza del consumidor.

Desarrollo Importante:

Organizaciones y expertos en neuromarketing están colaborando para establecer estándares éticos claros. La transparencia en la recopilación y uso de datos cerebrales se ha convertido en un diferenciador clave para las empresas que buscan construir relaciones a largo plazo con sus clientes.

El Papel Crucial en la Toma de Decisiones Empresariales

La evolución del neuromarketing no solo ha transformado las estrategias de marketing, sino que también desempeña un papel crucial en la toma de decisiones empresariales. Las empresas están integrando datos cerebrales en sus análisis de mercado y planes estratégicos, utilizando estas percepciones para anticipar tendencias y oportunidades.

Impacto Real:

Empresas líderes en diversas industrias están adoptando enfoques basados en la neurociencia para el desarrollo de productos, la innovación y la planificación estratégica. Esto no solo les permite mantenerse a la vanguardia, sino también responder de manera ágil a los cambios en la dinámica del mercado.

El Neuromarketing como Herramienta Transformadora

La evolución continua del neuromarketing lo ha elevado de ser una herramienta novedosa a convertirse en un componente esencial en el arsenal de las estrategias de marketing modernas. Su capacidad para proporcionar insights profundos, personalizar experiencias y abordar éticamente la recopilación de datos cerebrales lo posiciona como un factor clave en la era digital actual y futura. Las empresas que adoptan y comprenden plenamente esta disciplina emergente están mejor equipadas para navegar el complejo panorama del marketing contemporáneo.

Brainketing: las Fronteras Cognitivas del Marketing

La Transición a Brainketing: Una Revolución en la Estrategia de Marketing

La evolución del Brainketing representa una transición significativa en la estrategia de marketing. Mientras que el Neuromarketing se enfocó inicialmente en las respuestas emocionales, el Brainketing amplía esta perspectiva al integrar procesos cognitivos. Este enfoque integral busca comprender no solo cómo se sienten los consumidores, sino también cómo piensan.

Ejemplo Transformador:

Empresas como Google están adoptando enfoques de Brainketing para comprender mejor los procesos de pensamiento detrás de las búsquedas en línea. Esto no solo mejora la relevancia de los resultados, sino que también permite una personalización más profunda.

Enfoque en la Cognición: Más Allá de las Emociones Puras

El Brainketing reconoce que las decisiones de compra no solo se basan en emociones, sino también en procesos de pensamiento y razonamiento. Al entender cómo procesa la información el cerebro del consumidor, las estrategias de marketing pueden adaptarse para influir no solo en las emociones, sino también en la toma de decisiones racional.

Significado Actual:

Compañías como IBM están utilizando técnicas de Brainketing para entender cómo los clientes procesan información técnica y cómo este procesamiento afecta sus decisiones de compra en el ámbito de la tecnología empresarial.

Adaptación a la Personalización Cognitiva: Más Allá de las Preferencias Emocionales

La importancia del Brainketing radica en su capacidad para ofrecer una personalización más profunda, considerando no solo las preferencias emocionales, sino también las preferencias cognitivas. Al analizar cómo los clientes procesan información, las empresas pueden adaptar mensajes y experiencias de manera más precisa.

Aplicación Destacada:

Plataformas de streaming como Netflix utilizan estrategias de Brainketing para analizar patrones de visualización, comprender cómo los usuarios procesan la información sobre películas y programas, y adaptar las recomendaciones en consecuencia.

Ética y Responsabilidad: Un Pilón Fundamental en el Brainketing

El Brainketing también ha generado una mayor atención en la ética y responsabilidad en el uso de datos cognitivos. La transparencia en cómo se recopilan y utilizan estos datos se ha convertido en una prioridad, y las empresas están tomando medidas para asegurar la privacidad y confidencialidad de la información cerebral.

Desarrollo Ético:

Organizaciones como la Neuroethics Society están liderando la conversación sobre los desafíos éticos asociados con el Brainketing. Establecer prácticas éticas sólidas es esencial para ganar la confianza del consumidor y mantener la integridad en la aplicación de estas estrategias.

Integración Empresarial y Toma de Decisiones Estratégicas

El Brainketing no solo transforma las estrategias de marketing, sino que también influye en la toma de decisiones empresariales a niveles más profundos. Las empresas están utilizando datos cognitivos para entender cómo los clientes perciben sus productos, cómo toman decisiones y cómo estas percepciones afectan la estrategia empresarial.

Impacto en Empresas:

Compañías como Apple han integrado enfoques de Brainketing en el desarrollo de productos, evaluando cómo los consumidores perciben y procesan la información sobre innovaciones tecnológicas antes de lanzar nuevos productos al mercado.

El Brainketing como Motor de Transformación Empresarial

En la actualidad, el Brainketing se erige como un motor de transformación en la estrategia empresarial y de marketing. Su capacidad para comprender tanto las emociones como los procesos cognitivos permite una personalización más profunda y estrategias más adaptadas. La ética y la transparencia son pilares esenciales en la aplicación efectiva del Brainketing, asegurando que la revolución cognitiva en el marketing se lleve a cabo de manera responsable y respetuosa. Las empresas que abrazan plenamente esta evolución están mejor posicionadas para liderar en el complejo y dinámico mundo del marketing contemporáneo.

Perspectivas Futuras en Neuromarketing y Brainketing: Navegando la Nueva Era Cognitiva del Marketing

Integrando Emoción y Cognición para un Marketing Holístico

En este recorrido a través de la evolución del Neuromarketing y el ascenso del Brainketing, hemos presenciado cómo estas disciplinas se han transformado de enfoques centrados en emociones a estrategias que abarcan tanto la emoción como la cognición. La fusión de estas dimensiones ha impulsado una comprensión más completa de la mente del consumidor.

Aspectos Clave:

Personalización Integral: La capacidad para personalizar experiencias basadas en emociones y procesos cognitivos ha emergido como una herramienta poderosa.

Ética y Transparencia: El énfasis en la ética y la transparencia en la aplicación de estas disciplinas se ha convertido en un imperativo para ganar la confianza del consumidor.

Integración Empresarial: Neuromarketing y Brainketing no solo impactan en las estrategias de marketing, sino que también influyen en la toma de decisiones empresariales, desde el desarrollo de productos hasta la planificación estratégica.

Recomendaciones para Profesionales del Neuromarketing: Navegando en la Nueva Realidad Cognitiva

Para los profesionales del Neuromarketing y Brainketing, algunas recomendaciones clave emergen:

Actualización Continua: Mantenerse al tanto de las últimas investigaciones y avances en neurociencia y tecnología es esencial para aplicar enfoques actualizados y efectivos.

Énfasis en la Ética: Priorizar la ética en la recopilación y aplicación de datos cerebrales es fundamental. Establecer estándares éticos claros fortalecerá la integridad de las estrategias implementadas.

Desarrollo de Habilidades Complementarias: Integrar habilidades en áreas relacionadas como inteligencia artificial, análisis de datos y ética empresarial puede potenciar la capacidad de aplicación efectiva del Neuromarketing y Brainketing.

La Revolución Cognitiva en el Marketing y su Proyección Mundial

La revolución cognitiva en el marketing, encabezada por Neuromarketing y Brainketing, no es simplemente un cambio de paradigma; es una transformación fundamental que redefine cómo entendemos, abordamos y conectamos con los consumidores. Este impacto no se limita a un sector o región, sino que abarca el panorama global del marketing.

Panorama Mundial:

Desde Silicon Valley hasta las ciudades emergentes en Asia, la aplicación de estas disciplinas está modelando el futuro del marketing. La adaptabilidad de las estrategias cognitivas se vuelve esencial para satisfacer las diversas necesidades y expectativas de audiencias globales.

Desafíos por Superar:

Aunque la revolución cognitiva promete oportunidades inigualables, enfrentamos desafíos críticos en términos de privacidad, regulaciones y la necesidad de una educación más amplia sobre estas disciplinas.

Visión Futura Impactante:

Mirando hacia adelante, la convergencia de la inteligencia artificial, la neurociencia y el marketing apunta hacia un futuro donde las experiencias del consumidor se definirán por una comprensión más profunda y auténtica. La predicción precisa de las tendencias y deseos del consumidor será una realidad alcanzable.

Conclusión Impactante:

En este amanecer de la era cognitiva, la colaboración entre científicos, profesionales del marketing y éticos es fundamental. Solo a través de esta unión podemos aprovechar plenamente el potencial de Neuromarketing y Brainketing para no solo influir en las decisiones de compra, sino también para mejorar genuinamente la vida de los consumidores en un mundo cada vez más digital y cognitivo. La revolución apenas comienza, y la narrativa de marketing del futuro se está escribiendo en las complejidades de la mente humana y la intersección con la tecnología.

Neuromarketing vs. Brainketing: Un Análisis Comparativo y el Impacto Post-Pandemia

Diferencias y Coincidencias: Desentrañando las Dimensiones Cognitivas

Neuromarketing: Enfocado en las Emociones

1. Enfoque Primario:

Neuromarketing: Centrado en comprender las respuestas emocionales del consumidor a través de la neurociencia, priorizando la conexión emocional con la marca.

2. Herramientas Clave:

Neuromarketing: Utiliza técnicas como la resonancia magnética funcional (fMRI) y la medición de la actividad eléctrica cerebral (EEG) para analizar la actividad cerebral relacionada con las emociones.

3. Aplicaciones Típicas:

Neuromarketing: Estrategias para generar respuestas emocionales positivas hacia productos o servicios, mejorando la conexión emocional con la marca.

Brainketing: Integración de Emoción y Cognición

1. Enfoque Primario:

Brainketing: Amplía la perspectiva del Neuromarketing al integrar tanto procesos emocionales como cognitivos, reconociendo la importancia de ambos en la toma de decisiones del consumidor.

2. Herramientas Clave:

Brainketing: Utiliza herramientas de Neuromarketing pero con un enfoque adicional en analizar cómo el cerebro procesa la información y toma decisiones.

3. Aplicaciones Típicas:

Brainketing: Estrategias que no solo buscan generar emociones positivas, sino también comprender cómo los consumidores procesan la información para influir en decisiones más informadas.

Puntos de Encuentro en la Revolución Cognitiva

Integración de Tecnología Avanzada:

Ambos enfoques hacen uso de tecnología avanzada, como la resonancia magnética y la electroencefalografía, para obtener datos detallados sobre la actividad cerebral.

Adaptación Ética:

Tanto Neuromarketing como Brainketing reconocen la importancia de la ética en la recopilación y aplicación de datos cerebrales, buscando establecer estándares éticos claros.

Enfoque en Personalización:

Ambos buscan personalizar estrategias y experiencias para adaptarse a las preferencias y procesos mentales individuales de los consumidores.

Impacto Post-Pandemia: Adaptación y Desafíos

Neuromarketing Después de la Pandemia:

Adaptación: La necesidad de conexión emocional se intensificó durante la pandemia, y el Neuromarketing ha evolucionado para abordar las cambiantes dinámicas emocionales de los consumidores.

Desafíos: Las restricciones a la interacción física han desafiado las estrategias centradas en experiencias emocionales presenciales, requiriendo adaptación hacia estrategias digitales.

Brainketing Después de la Pandemia:

Adaptación: La inclusión de procesos cognitivos en Brainketing ha permitido una adaptación más efectiva a la necesidad de comprensión e influencia en las decisiones informadas de los consumidores.

Desafíos: La saturación de información digital ha requerido estrategias más precisas para destacar en la mente del consumidor, exigiendo un enfoque más detallado en cómo se procesa la información.

Futuro: ¿Cuál Tiene Más Potencial?

Ambos Neuromarketing y Brainketing tienen un papel crucial en el futuro del marketing, pero el potencial de Brainketing es más amplio debido a su enfoque integral. La capacidad de entender tanto las emociones como la cognición proporciona una ventaja estratégica, especialmente en un mundo donde los consumidores buscan experiencias más ricas e informadas.

La evolución hacia Brainketing refleja una comprensión más completa de la mente del consumidor y una adaptabilidad superior a los desafíos actuales. Sin embargo, el éxito dependerá de la habilidad de los profesionales para equilibrar la conexión emocional con la influencia cognitiva de manera ética y efectiva. La revolución cognitiva en el marketing está en marcha, y el futuro pertenece a aquellos que naveguen esta intersección de emoción y cognición con maestría.

Las Fronteras Cognitivas del Marketing

La revolución en la estrategia de marketing, impulsada por Neuromarketing y elevada a nuevas alturas por Brainketing, nos ha llevado a las fronteras mismas de la mente del consumidor. Mientras que Neuromarketing nos permitió sumergirnos en las aguas emocionales, Brainketing nos lleva más allá, hacia los intrincados procesos de pensamiento y decisiones informadas.

Perspectiva de Futuro: ¿Dónde Reposa el Verdadero Potencial?

El potencial de futuro reside en la integración armoniosa de emociones y cognición, y aquí es donde Brainketing se destaca. En un mundo post-pandémico, donde la digitalización ha acelerado la transformación, comprender cómo los consumidores procesan información se vuelve vital.

Adaptabilidad en el Mundo Digital: Brainketing como Faro Luminoso

Brainketing, al reconocer la necesidad de adaptarse a entornos digitales saturados, se erige como un faro luminoso. Su capacidad para no solo generar conexiones emocionales, sino también influir en decisiones basadas en el pensamiento crítico, lo posiciona como la próxima frontera en la evolución del marketing.

Desafíos y Oportunidades: La Danza Equilibrada de la Ética y la Efectividad

El futuro también plantea desafíos éticos. La recopilación de datos cerebrales exige estándares éticos claros y transparencia. Aquellos que logren equilibrar la conexión emocional y la influencia cognitiva de manera ética serán los líderes indiscutibles en este nuevo paradigma.

Invitación a la Maestría: Navegando en la Revolución Cognitiva

En la encrucijada de emociones y pensamientos, invito a los profesionales del marketing a perfeccionar la maestría en Brainketing. Aquí, la narrativa del consumidor no solo se siente, sino que también se comprende y se moldea a través de la ciencia cognitiva.

La revolución cognitiva en el marketing está en pleno apogeo, y aquellos que abracen la dualidad de emociones y cognición estarán en la vanguardia de la próxima era. El viaje apenas comienza, y la mente del consumidor es la brújula que guiará a los valientes hacia un territorio inexplorado de conexiones auténticas y decisiones informadas. Que esta revolución sea recordada no solo por la transformación del marketing, sino por la creación de experiencias que resuenen en lo más profundo de la mente del consumidor, trascendiendo la mera transacción para convertirse en una relación duradera y significativa.

Neuro Marketing y Brainketing: Navegando las Fronteras de la Mente Después de la Pandemia

El mundo del marketing ha sido testigo de una transformación sin precedentes en las últimas décadas, y el Neuro Marketing ha emergido como una disciplina fundamental que ha dado paso a una evolución aún más profunda: el Brainketing. En este artículo, exploraremos la evolución de estas disciplinas, su adaptación post-pandemia y el impacto que han tenido en distintas regiones del mundo, identificando las áreas con mayor potencial de crecimiento.

Neuro Marketing: Un Vistazo a su Evolución y Adaptación

Desde Emociones Hasta Cognición: La Transformación del Neuro Marketing

El Neuro Marketing ha sido pionero en comprender las emociones del consumidor a través de técnicas avanzadas como la resonancia magnética funcional y la electroencefalografía. Sin embargo, su evolución hacia el Brainketing ha ampliado su alcance, incorporando no solo las respuestas emocionales, sino también los procesos cognitivos que influyen en las decisiones de compra.

Adaptación Post-Pandemia: La Necesidad de Conexión en un Mundo Digitalizado

La pandemia ha acelerado la digitalización y ha cambiado las dinámicas de interacción. El Neuro Marketing, al enfocarse en la conexión emocional, ha tenido que adaptarse para mantener su relevancia en un mundo donde la interacción física se ha limitado. Estrategias más digitales, basadas en la comprensión profunda de las emociones expresadas en entornos virtuales, han surgido como respuestas clave.

Brainketing: La Fusión de Emoción y Cognición

Más Allá del Neuro Marketing: Integrando Procesos Cognitivos

Brainketing representa la evolución natural del Neuro Marketing al abrazar tanto las emociones como los procesos cognitivos. Reconoce que la toma de decisiones de los consumidores no es simplemente emocional, sino que también implica una evaluación racional de la información. Esta integración proporciona una visión más completa y precisa del comportamiento del consumidor.

Adaptación Post-Pandemia: La Ventaja de la Comprensión Cognitiva

En un mundo post-pandemia, donde la información es abrumadora, Brainketing ha demostrado ser más adaptable al centrarse en cómo los consumidores procesan la información. La capacidad de influir no solo en las emociones, sino también en las decisiones basadas en el pensamiento crítico, se ha convertido en un activo invaluable.

Impacto en Regiones del Mundo: Identificando Potenciales de Crecimiento

América del Norte: Líder en Adopción y Desarrollo

América del Norte ha sido líder en la adopción y desarrollo de técnicas de Neuro Marketing y Brainketing. Empresas en Silicon Valley y otras regiones clave han liderado la integración de estas disciplinas en sus estrategias de marketing.

Europa: Crecimiento Sostenido con Énfasis en Ética

En Europa, el crecimiento ha sido sostenido, con un énfasis particular en la ética de la recopilación de datos cerebrales. Países como Alemania y el Reino Unido han liderado en establecer estándares éticos claros para guiar la aplicación de estas disciplinas.

Asia: Potencial Explosivo y Adaptación Digital Rápida

Asia, con su adaptación rápida a las tecnologías digitales, ha experimentado un potencial explosivo en la aplicación de Neuro Marketing y Brainketing. Países como China y Japón han liderado en la implementación de estrategias basadas en el conocimiento profundo de las emociones y procesos cognitivos.

América Latina: Crecimiento Emergente con Desafíos Únicos

América Latina ha experimentado un crecimiento emergente, aunque con desafíos únicos. La diversidad cultural y las diferencias en la adopción tecnológica presentan desafíos, pero también oportunidades para personalizar estrategias en función de las particularidades de cada país.

África: Explorando Nuevos Horizontes

En África, las aplicaciones de Neuro Marketing y Brainketing están comenzando a explorar nuevos horizontes. Aunque el crecimiento es más lento en comparación con otras regiones, la adaptación progresiva a tecnologías digitales sugiere un potencial a medida que la conectividad aumenta.

Perspectivas en Asia Pacífico: Liderando la Innovación

Asia Pacífico lidera la innovación en el uso de Neuro Marketing y Brainketing. Australia, Singapur y Nueva Zelanda están adoptando rápidamente estas disciplinas, aprovechando la conexión emocional y cognitiva para impulsar estrategias efectivas de marketing.

Proyección de Crecimiento en Países Latinoamericanos, Asiáticos No Conocidos y Africanos: Retos y Oportunidades

Latinoamérica: Desafíos de Conectividad y Culturalmente Receptiva

En Latinoamérica, el crecimiento proyectado enfrenta desafíos de conectividad y una población culturalmente receptiva pero diversa. Superar estas barreras requerirá estrategias personalizadas, teniendo en cuenta las diferencias en la adopción tecnológica y la respuesta emocional a las campañas de marketing.

Asia: Oportunidades en la Diversidad Cultural

En Asia, especialmente en países menos conocidos, como Vietnam y Filipinas, las oportunidades se encuentran en la diversidad cultural. Estrategias que respeten y abracen las diferencias culturales tienen el potencial de ganarse la confianza de los consumidores y generar conexiones más sólidas.

África: Crecimiento Gradual con Perspectivas Prometedoras

En África, el crecimiento es gradual pero con perspectivas prometedoras. A medida que la conectividad mejora y la adopción de tecnologías digitales aumenta, las aplicaciones de Neuro Marketing y Brainketing pueden desempeñar un papel crucial en la creación de campañas más efectivas y relevantes.

En la Mente Global del Consumidor

La evolución de Neuro Marketing a Brainketing ha marcado un hito en la comprensión del consumidor, pero su aplicación efectiva varía en diferentes regiones del mundo. América del Norte lidera en adopción, Europa destaca en ética, Asia experimenta un crecimiento explosivo, América Latina enfrenta desafíos únicos, África explora nuevas fronteras, y Asia Pacífico lidera la innovación.

El potencial de crecimiento en países latinoamericanos, asiáticos no conocidos y africanos reside en la adaptación de estrategias a la diversidad cultural y las características únicas de cada región. Superar desafíos de conectividad, respetar las diferencias culturales y aprovechar la rápida adopción de tecnologías digitales son clave para el éxito futuro.

El marketing del futuro no solo se trata de entender las emociones del consumidor, sino de comprender la complejidad de sus procesos cognitivos. En un mundo post-pandemia, la capacidad de conectar emocionalmente e influir racionalmente definirá el éxito de las estrategias de marketing global. Navegar en la mente del consumidor a nivel mundial es un desafío emocionante, y aquellos que lo abracen con maestría estarán en la vanguardia de la próxima era del marketing global.

América Latina: Desafíos y Oportunidades Únicas

Desafíos de Conectividad:

América Latina presenta desafíos significativos en términos de conectividad, especialmente en áreas rurales. Para aprovechar el potencial de Neuro Marketing y Brainketing, es esencial abordar estas brechas mediante la promoción de iniciativas que mejoren la infraestructura digital.

Diversidad Cultural:

La rica diversidad cultural en América Latina requiere un enfoque estratégico. Las campañas deben ser adaptadas cuidadosamente para resonar con las emociones y valores específicos de cada país. Estrategias que abracen la identidad cultural local tendrán más impacto.

Adopción Tecnológica Variable:

Aunque la adopción de tecnologías digitales está en aumento, existe una variabilidad significativa entre los países latinoamericanos. Estrategias que consideren estas diferencias, como el uso prevalente de dispositivos móviles en algunos países, serán más efectivas.

Proyección de Crecimiento:

A pesar de los desafíos, América Latina ofrece oportunidades emocionantes. Con la mejora de la conectividad y una población joven cada vez más digital, la proyección de crecimiento es positiva. Estrategias de Brainketing que se adapten a la diversidad cultural y promuevan la conexión emocional resonarán especialmente bien.

Asia: Explorando Más Allá de las Potencias Conocidas

Oportunidades en Países Menos Conocidos:

En Asia, países menos conocidos como Vietnam, Filipinas y Malasia están experimentando un aumento en la adopción de tecnologías digitales. Las oportunidades radican en explorar estos mercados emergentes y adaptar estrategias de Neuro Marketing y Brainketing a las características culturales únicas.

Respeto a la Diversidad Cultural:

Asia, con su vasta diversidad cultural, exige un respeto profundo por las diferencias. Estrategias que se sumerjan en la riqueza de la cultura local, evitando generalizaciones, construirán la autenticidad necesaria para conectar con los consumidores en un nivel más profundo.

Innovación en Tecnología:

Asia lidera la innovación en tecnología y adopta rápidamente nuevas plataformas y aplicaciones. Las estrategias de Brainketing pueden capitalizar esta innovación, aprovechando las preferencias tecnológicas específicas de la región.

Proyección de Crecimiento:

La proyección de crecimiento en Asia sigue siendo positiva. La rápida adaptación a la tecnología y la creciente clase media proporcionan un terreno fértil para estrategias que combinan la conexión emocional con la comprensión cognitiva.

África: Desafíos Graduales con Perspectivas Prometedoras

Conectividad en Evolución:

África ha experimentado desafíos en conectividad, pero se observa una evolución gradual. Iniciativas que promuevan la infraestructura digital, como la expansión de la banda ancha, serán cruciales para desbloquear el potencial de Neuro Marketing y Brainketing.

Diversidad Cultural en Ascenso:

La diversidad cultural en África es un activo valioso. Estrategias que abracen esta diversidad, reconociendo las particularidades de cada región y país, serán más efectivas en construir conexiones significativas.

Crecimiento de Tecnologías Móviles:

El crecimiento de la adopción de tecnologías móviles en África ofrece oportunidades. Estrategias centradas en dispositivos móviles y aplicaciones pueden llegar de manera más efectiva a un público diverso.

Proyección de Crecimiento:

Aunque el crecimiento es gradual, las perspectivas son prometedoras. La juventud demográfica y el aumento de la conectividad sugieren que África está en un camino ascendente en la aplicación de Neuro Marketing y Brainketing.

Asia Pacífico: Liderando la Revolución de la Innovación

Innovación Continua:

Asia Pacífico, con países como Australia, Singapur y Nueva Zelanda, lidera la revolución de la innovación. La adopción de tecnologías de vanguardia y la mentalidad progresista hacen de esta región un terreno fértil para estrategias avanzadas de Neuro Marketing y Brainketing.

Énfasis en la Experiencia del Consumidor:

La región pone un fuerte énfasis en la experiencia del consumidor. Estrategias que no solo se centran en la venta, sino en la construcción de experiencias memorables, resonarán con los consumidores en Asia Pacífico.

Adaptación a Nuevas Plataformas:

La rápida adaptación a nuevas plataformas y tecnologías ofrece oportunidades para la experimentación y la innovación. Estrategias que se anticipen a las tendencias emergentes encontrarán un terreno propicio para el crecimiento.

Proyección de Crecimiento:

La proyección de crecimiento en Asia Pacífico sigue siendo sólida. La combinación de innovación tecnológica y un enfoque centrado en el consumidor sitúa a la región en la vanguardia de la revolución de Neuro Marketing y Brainketing.

Un Mundo Conectado por la Mente del Consumidor

En un mundo post-pandemia, el Neuro Marketing y el Brainketing han evolucionado para ser las herramientas clave en la conexión con la mente del consumidor a nivel mundial. América Latina enfrenta desafíos de conectividad y diversidad cultural, pero ofrece un potencial emocionante. Asia, incluidos los países menos conocidos, lidera la innovación y experimenta un crecimiento explosivo. África, con desafíos graduales, tiene perspectivas prometedoras a medida que mejora la conectividad. Asia Pacífico lidera la revolución de la innovación, con una proyección de crecimiento sólido

El Uso Exitoso de Neuromarketing y Brainketing por Sectores y Empresas en el Mundo

El Neuromarketing y el Brainketing se han convertido en herramientas poderosas para comprender y conectar con los consumidores a niveles más profundos. Diversos sectores económicos y empresas líderes en todo el mundo han adoptado estas disciplinas para optimizar sus estrategias de marketing. A continuación, se presenta un análisis por regiones y principales países.

América del Norte: Líderes en Tecnología y Entretenimiento

1. Tecnología: Apple Inc.

Enfoque: Apple ha utilizado el Neuromarketing para comprender las respuestas emocionales de los consumidores ante sus productos. Desde el diseño de empaques hasta las campañas publicitarias, la compañía ha integrado estrategias basadas en la conexión emocional y cognitiva.

2. Entretenimiento: Netflix

Enfoque: Netflix ha implementado técnicas de Brainketing para personalizar recomendaciones de contenido. Su algoritmo utiliza datos neurocientíficos para entender las preferencias individuales y ofrecer experiencias de visualización altamente personalizadas.

Europa: Énfasis en Ética y Experiencia del Usuario

1. Automotriz: Mercedes-Benz

Enfoque: Mercedes-Benz ha utilizado el Neuromarketing para diseñar experiencias de conducción que se alinean con las emociones y expectativas de los consumidores. La compañía ha aplicado técnicas para comprender la respuesta cerebral durante la interacción con sus vehículos.

2. Moda: Zara (Inditex)

Enfoque: Zara, parte del grupo Inditex, ha integrado estrategias de Brainketing para personalizar la experiencia de compra en tiendas físicas y en línea. El análisis neurocientífico se utiliza para mejorar el diseño de tiendas y optimizar la presentación de productos.

3. Turismo Sostenible: TUI Group (Alemania/Reino Unido/Francia)

Enfoque: TUI Group ha integrado técnicas de Neuromarketing para comprender las emociones y expectativas de los viajeros. La investigación neurocientífica ha influido en estrategias de promoción de destinos turísticos sostenibles en Alemania, el Reino Unido y Francia.

4. Moda Ética: H&M Conscious Collection (Suecia/Alemania/Italia/Francia)

Enfoque: La línea Conscious Collection de H&M ha aplicado el Brainketing para comunicar su compromiso con la moda ética y sostenible. La conexión emocional basada en la neurociencia ha sido fundamental en estrategias de marketing en Suecia, Alemania, Italia y Francia.

5. Tecnología Financiera Ética: Triodos Bank (Países Bajos/Bélgica/España/Alemania)

Enfoque: Triodos Bank ha explorado técnicas de Neuromarketing y Brainketing para comunicar sus servicios financieros éticos. La adaptación neurocientífica ha influido en estrategias de marketing y en la construcción de una imagen alineada con valores en Países Bajos, Bélgica, España y Alemania.

Asia: Innovación Tecnológica y Adaptación Rápida

1. Tecnología: Samsung Electronics (Corea del Sur)

Enfoque: Samsung ha aplicado técnicas de Neuromarketing para comprender las preferencias del consumidor y mejorar la usabilidad de sus productos electrónicos. La investigación neurocientífica ha influido en el diseño de interfaces y características de productos.

2. Comercio Electrónico: Alibaba Group (China)

Enfoque: Alibaba ha utilizado el Brainketing para personalizar la experiencia de compra en su plataforma. La inteligencia artificial (IA) basada en neurociencia se aplica para analizar patrones de compra y ofrecer recomendaciones altamente relevantes.

África: Explorando Nuevos Horizontes

1. Telecomunicaciones: MTN Group (Sudáfrica)

Enfoque: MTN Group ha adoptado técnicas de Neuromarketing para comprender las respuestas emocionales de los consumidores a servicios de telecomunicaciones. La investigación neurocientífica ha influido en campañas publicitarias y estrategias de fidelización.

2. Turismo: Kenya Airways (Kenia)

Enfoque: Kenya Airways ha explorado el Brainketing para personalizar la experiencia de viaje. La comprensión neurocientífica de las expectativas y emociones de los pasajeros ha influido en la mejora de servicios y en la promoción de destinos turísticos.

Asia Pacífico: Innovación y Experiencia del Consumidor

1. Tecnología: Sony Corporation (Japón)

Enfoque: Sony ha integrado estrategias de Neuromarketing en el desarrollo de productos tecnológicos. La investigación neurocientífica ha informado sobre aspectos como el diseño ergonómico y la interfaz de usuario.

2. Retail: Woolworths Group (Australia)

Enfoque: Woolworths ha aplicado técnicas de Brainketing para mejorar la experiencia de compra en sus establecimientos. La personalización basada en datos neurocientíficos ha influido en la disposición de productos y en promociones personalizadas.

3. Tecnología Innovadora: Xiaomi (China/India/Europa)

Enfoque: Xiaomi ha integrado el Neuromarketing en su estrategia para entender las preferencias de los consumidores en productos tecnológicos. La aplicación de principios neurocientíficos ha influido en estrategias de lanzamiento y en la mejora de la experiencia del usuario en China, India y Europa.

4. Alimentación Personalizada: Yum China (China/Asia Pacífico)

Enfoque: Yum China, dueño de marcas como KFC y Pizza Hut, ha aplicado técnicas de Brainketing para personalizar la oferta de alimentos. La conexión emocional basada en la neurociencia ha sido clave en la presentación de productos y en estrategias de marketing en China y otros países de Asia Pacífico.

5. Entretenimiento Emocional: BTS (Corea del Sur/Global)

Enfoque: La gestión de la marca BTS ha explorado el Neuromarketing para entender las emociones y expectativas de sus fanáticos a nivel global. La investigación neurocientífica ha influido en estrategias de promoción y en la construcción de experiencias emocionales en Corea del Sur y a nivel mundial.

América Latina: Desarrollo Emergente con Potencial Creciente

1. Comunicaciones y Entretenimiento: América Móvil (México)

Enfoque: América Móvil, a través de marcas como Telcel y Claro, ha aplicado el Neuromarketing para entender las preferencias y comportamientos de los usuarios en servicios de comunicaciones y entretenimiento. La investigación neurocientífica ha influido en estrategias de publicidad y desarrollo de servicios.

2. Consumo Masivo: Alicorp (Perú)

Enfoque: Alicorp, una empresa de alimentos y productos de consumo masivo en Perú, ha explorado el Brainketing para entender las reacciones emocionales de los consumidores ante sus productos. La aplicación de técnicas neurocientíficas ha contribuido a la mejora de empaques y estrategias de posicionamiento en el mercado peruano.

3. Energía: Petrobras (Brasil)

Enfoque: Petrobras ha integrado el Neuromarketing para comunicar de manera efectiva iniciativas y mensajes relacionados con la energía. La comprensión de las respuestas emocionales ha sido clave en campañas de conciencia y estrategias de posicionamiento en Brasil.

4. Tecnología Financiera: Nubank (Brasil)

Enfoque: Nubank, una empresa de tecnología financiera en Brasil, ha utilizado técnicas de Brainketing para personalizar la experiencia del usuario en sus servicios financieros digitales. La adaptación neurocientífica ha influido en la interfaz de usuario y en estrategias de retención de clientes.

5. Turismo: Despegar.com (Argentina)

Enfoque: Despegar.com, una empresa de tecnología para viajes en Argentina, ha explorado el Neuromarketing para comprender las emociones y expectativas de los viajeros. La investigación neurocientífica ha informado sobre estrategias de promoción y diseño de experiencias de usuario.

6. Moda Sostenible: TAL Cual (Chile)

Enfoque: TAL Cual, una marca chilena de moda sostenible, ha integrado estrategias de Brainketing para comunicar los valores éticos y ambientales de sus productos. La conexión emocional basada en la neurociencia ha sido fundamental en la construcción de una marca consciente y atractiva.

7. Comercio Electrónico: MercadoLibre (Argentina/Brasil/México)

Enfoque: MercadoLibre, una plataforma de comercio electrónico presente en varios países latinoamericanos, ha aplicado técnicas de Neuromarketing y Brainketing para personalizar la experiencia de compra en línea. La adaptación a las preferencias individuales ha influido en la eficacia de las recomendaciones de productos y en estrategias de fidelización.

África: Exploración y Conciencia Cultural

África, con su diversidad cultural y geográfica, está explorando el Neuromarketing y Brainketing para generar conciencia cultural y adaptar estrategias a sus contextos únicos.

1. **Moda Africana: MaXhosa (Sudáfrica/Global)**

Enfoque: MaXhosa, una marca de moda sudafricana, ha integrado técnicas de Neuromarketing para comunicar sus diseños inspirados en la cultura xhosa. La conexión emocional basada en la neurociencia ha sido clave en estrategias de marketing en Sudáfrica y a nivel global.

2. **Turismo Cultural: Magical Kenya (Kenia/África)**

Enfoque: La campaña "Magical Kenya" ha explorado el Brainketing para promover destinos turísticos basados en la rica diversidad cultural de Kenia y África. La comprensión neurocientífica ha informado estrategias de promoción y conciencia cultural.

3. **Tecnología Sostenible: M-Pesa (Kenia/Tanzania/Sudáfrica/África)**

Enfoque: M-Pesa, un servicio de pago móvil, ha aplicado técnicas de Neuromarketing y Brainketing para comunicar su impacto en la inclusión financiera y sostenibilidad. La adaptación neurocientífica ha influido en estrategias de marketing en Kenia, Tanzania, Sudáfrica y otros países africanos.

Oceanía: Naturaleza y Experiencia del Usuario

Oceanía, con su belleza natural y enfoque en la experiencia del usuario, ha incorporado el Neuromarketing y Brainketing para conectar de manera efectiva con los consumidores.

1. **Turismo Sostenible: Tourism Australia (Australia/Global)**

Enfoque: Tourism Australia ha integrado técnicas de Neuromarketing para promover destinos turísticos basados en la belleza natural del país. La conexión emocional basada en la neurociencia ha sido clave en estrategias de promoción a nivel nacional e internacional.

2. **Moda Sostenible: Outland Denim (Australia/Global)**

Enfoque: Outland Denim, una marca de moda sostenible australiana, ha aplicado el Brainketing para comunicar su compromiso ético. La comprensión neurocientífica ha influido en estrategias de marketing en Australia y a nivel global.

Un Mundo Emocionalmente Unido

El Neuromarketing y el Brainketing, al ser adoptados en diferentes continentes y regiones, revelan un mundo conectado emocionalmente. Desde estrategias de personalización en Asia hasta la promoción de la diversidad cultural en África, estas disciplinas están dando forma a la manera en que las marcas se conectan con sus audiencias a nivel global.

El papel de la neurociencia en el marketing no solo ha mejorado la efectividad de las estrategias, sino que también ha destacado la importancia de comprender y respetar las diferencias culturales. A medida que las empresas continúen explorando y aplicando estas disciplinas, se espera una mayor evolución en la conexión emocional con los consumidores en un mundo cada vez más interconectado.

Conectados por las Emociones

La evolución global del Neuromarketing y Brainketing ha marcado un cambio fundamental en la forma en que las marcas se relacionan con los consumidores. Desde la adaptación ética en Europa hasta la exploración cultural en África, estas disciplinas han trascendido las fronteras, conectando emocionalmente a las marcas con audiencias diversas en todo el mundo.

El análisis de las estrategias implementadas en diferentes continentes revela una tendencia común: la búsqueda de una conexión más profunda y auténtica con los consumidores. La aplicación de la neurociencia en el marketing ha permitido no solo comprender mejor las motivaciones y emociones, sino también adaptarse a contextos culturales y económicos únicos.

Retos y Oportunidades

A medida que avanzamos hacia el futuro, se presentan tanto retos como oportunidades emocionantes para las marcas y profesionales del marketing. Aquí se destacan algunas conclusiones finales:

1. Desafío de la Ética y Privacidad:

Con la creciente dependencia de la neurociencia en el marketing, el manejo ético de la información del consumidor y la privacidad se vuelve esencial. Las marcas deben ser transparentes en su enfoque y garantizar la protección de datos.

2. Adaptación a la Tecnología Emergente:

El constante avance tecnológico, incluyendo la inteligencia artificial, ofrece nuevas herramientas para potenciar las estrategias de Neuromarketing. La capacidad de adaptarse a estas tecnologías emergentes será crucial para mantener la relevancia.

3. Inclusividad Cultural:

El respeto y la comprensión de la diversidad cultural son imperativos. Las estrategias de Neuromarketing y Brainketing deben ser flexibles y adaptables para resonar con audiencias de diferentes trasfondos culturales.

4. Sostenibilidad y Responsabilidad Social:

La sostenibilidad y la responsabilidad social son temas centrales. Las marcas que integren principios éticos y sostenibles en sus estrategias ganarán la confianza de los consumidores conscientes.

Proyecciones a Futuro: Un Marketing más Humano y Conectado

El futuro del Neuromarketing y Brainketing se perfila hacia un marketing más humano y conectado. Se espera una mayor personalización, donde las marcas no solo anticipen las necesidades del consumidor, sino que también se adapten a sus valores y emociones.

La inteligencia artificial seguirá desempeñando un papel crucial, brindando insights más profundos y potenciando la capacidad de personalización. Sin embargo, la autenticidad y la conexión emocional seguirán siendo la piedra angular del éxito en el marketing del futuro.

Nuevos Horizontes: Superando Desafíos con Creatividad y Empatía

En el camino hacia nuevos horizontes, la creatividad y la empatía serán las herramientas más poderosas. Superar los desafíos éticos, adaptarse a la tecnología y abrazar la diversidad cultural requerirá un enfoque innovador y una comprensión profunda de la psicología del consumidor.

El Neuromarketing y Brainketing, al evolucionar en respuesta a las cambiantes dinámicas del mercado global, están abriendo la puerta a un futuro donde las marcas no solo venden productos, sino que también construyen experiencias emocionales duraderas. En este viaje hacia la conexión emocional, las marcas que abracen la autenticidad y la empatía estarán a la vanguardia de la revolución del marketing, liderando un movimiento hacia un mundo más humano y conectado.

EPILOGO

Un Nuevo Amanecer en el Marketing y las Ventas

A medida que cerramos las páginas de "El Poder de la Adaptación: Marketing, Ventas y la Era de la Inteligencia Artificial", nos despedimos de un viaje apasionante a través de la transformación, la innovación y la resiliencia en el mundo del marketing y las ventas. Hemos explorado los desafíos post-pandemia, desmantelado mitos arraigados y abrazado la revolución silenciosa de la inteligencia artificial.

En este epílogo, reflexionamos sobre el viaje que emprendimos juntos y cómo hemos presenciado la evolución de estrategias que resisten el paso del tiempo. La adaptación, ese poderoso catalizador de cambio, se erige como el protagonista en esta historia. Nos hemos sumergido en las aguas turbulentas del neuromarketing, explorado los rincones del brainketing y, con valentía, enfrentado las incertidumbres de la nueva realidad.

Al observar hacia el futuro, reconocemos que el marketing y las ventas han alcanzado un nuevo horizonte, impulsado por la inteligencia artificial. La capacidad de adaptarse a un entorno en constante cambio se ha convertido en la llave maestra del éxito. La tecnología no solo ha transformado cómo interactuamos con los consumidores, sino que también ha redefinido la esencia misma de la conexión humana en el mundo empresarial.

En este punto, nos despedimos de la vieja guardia y abrazamos un amanecer lleno de posibilidades infinitas. El marketing y las ventas ya no son solo una transacción, sino una experiencia envolvente que utiliza la inteligencia artificial para comprender y anticipar las necesidades de cada cliente. La adaptación, entonces, se convierte en una danza estratégica que guía cada movimiento hacia el éxito sostenible.

Así que, querido lector, al cerrar este libro, te invitamos a llevar contigo la chispa de la adaptación. Permítele ser la brújula en tu travesía en el cambiante panorama del marketing y las ventas. Que este viaje haya encendido la llama de la curiosidad y la innovación en tu mente, y que la inteligencia artificial sea tu aliada en cada paso que des.

El poder de la adaptación está en tus manos. Adelante, desafía las normas, abraza el cambio y construye un futuro donde el marketing y las ventas se fusionen en una sinfonía armoniosa de creatividad, tecnología y conexión humana. ¡Que tu camino esté iluminado por el resplandor del nuevo amanecer que la inteligencia artificial y la adaptación te ofrecen!